U0844330

国家出版基金项目
NATIONAL PUBLICATION FOUNDATION

中國學術文藝史講話

[日]長澤規矩也◎著
胡錫年◎譯

山西人民出版社
山西出版傳媒集團

圖書在版編目(CIP)數據

中國學術文藝史講話 / [日]長澤規矩也著；胡錫年譯. —太原： 山西人民出版社，2015.9
(近代海外漢學名著叢刊 / 鄭培凱主編)
ISBN 978-7-203-09107-3

Ⅰ. ①中… Ⅱ. ①長… ②胡… Ⅲ. ①漢學－研究－日本 Ⅳ. ①K207.8

中國版本圖書館CIP數據核字(2015)第191523號

中國學術文藝史講話

叢刊主編　鄭培凱
著　　者　[日]長澤規矩也
譯　　者　胡錫年
責任編輯　崔人杰

出 版 者　山西出版傳媒集團·山西人民出版社
地　　址　太原市建設南路21號
郵　　編　030012
發行營銷　0351-4922220　4955996　4956039
　　　　　0351-4922127(傳真)
天猫官網　http://sxrmcbs.tmall.com　0351-4922159(電話)
E-mail　sxskcb@163.com　發行部
　　　　　sxskcb@126.com　總編室
網　　址　www.sxskcb.com

經 銷 者　山西出版傳媒集團·山西人民出版社
承 印 廠　山西出版傳媒集團·山西人民印刷有限責任公司

開　　本　700mm×970mm　1/16
印　　張　14.5
字　　數　127千字
印　　數　1—2000冊
版　　次　2015年9月　第一版
印　　次　2015年9月　第一次印刷
書　　號　ISBN 978-7-203-09107-3
定　　價　44.00圓

近代海外漢學名著叢刊編委會名單

出版説明

近代海外漢學名著叢刊選取一九四九年以後未再刊行之近代海外漢學作品，編例如次：

一、本叢書遴選之作品在相關學術領域具有一定的代表性，在學術研究方嚮、方法上獨具特色。

二、爲避免重新排印時出錯，本叢書原本原貌影印出版。影印之底本皆經專家組審定，原書字體大小、排版格式均未做大的改變。

三、爲使叢書體例一致，本叢書前言、後記均采用繁體字排版。

四、個別頁碼較少的版本，爲方便裝幀和閱讀，進行了合訂。

五、少數作品有個別破損之處，編者以不改變版本内容爲前提，部分進行修補，難以修復之處保留缺損原狀。

六、原版書中個別錯訛之處，皆照原樣影印，未做修改。

由於叢書規模較大，不足之處，在所難免，殷切期待方家指正。

總序／温故而知新

晚清以來，西力東漸，西方文化思想的著作也大量譯成中文，最著名的如嚴復與林紓的譯著，影響了整個二十世紀中國的知識界與文學界，使得中國文化的思維脈絡爲之丕變。除了西方思想經典、文學與實證科學著作的翻譯，以實證方法系統化探討中國文史的域外漢學，也對中國學術思想界産生了莫大衝擊，改變了中國學術的著述方法與取嚮。

中國傳統的知識結構，是按經史子集四庫分類的，以儒家意識形態的經學爲文化知識的砥柱，以史學爲貫串歷史經驗的殷鑒，至於子部與集部，則是作爲保存文獻、擴大知識面的附帶知識，可以耽情冥想，可以悠遊玩賞，却都是邊緣化的知識，無關聖教的弘揚，無關文化精髓的宏旨。西方文藝復興之後的現代學術體系，在知識分類上，與中國傳統大相徑庭，講究系統分科，不同知識領域各有其客觀存在的價值，有其相對獨立的目的與標準。日本知識界在明治維新以來，鑒於東方文明落後於西方的船堅炮利，率先效法西方，在追求「文明開化」、「脱亞入歐」的過程中，爲日本學術發展循着現代西方的體例，建立了哲學、文學、歷史學、經濟學、法學、商學、物理學、化學、地質學、醫學、農學、工程學、植物學、動物學等等新型學科，企圖與西方學術齊頭並進，從而影響了中國近代學術體系的發展。

本叢刊選印二十世紀上半葉出版的漢學譯著近百冊，分爲三大類：「歷史文化與社會經濟」、「古典文獻與語言文字」、「中外交通與邊疆史」，反映民國時期學術界重視西方及日本漢學研究的成果，藉助他山之石，重新審視中國傳統歷史文化的意義，特別是開拓了傳統學術忽略的領域。五四新文化運動以來，中國學者如蔡元培、胡適都提倡「整理國故」，以理性實證的方法，對中國文化傳統做出系統化的研究，是與這些漢學譯著相輔相成的。這些譯著除了介紹域外漢學的成果，還引進了嶄新的學術研究方法與視角，有助於梳理中國文化傳統的脈絡，重新整合知識結構與學術體系。雖然這些學術著作不是中國學者的成就，無法納入二十世紀中國文史學術的主脈，但是從中文譯本的影響而言，起碼也應當視爲中國近代學術發展的支脈或潛流，不容忽視。可惜的是，到了二十世紀下半葉，因爲兩岸政治形勢的變化，這些漢學譯著，除了部分因王雲五重新入主臺灣商務印書館，而得以在臺灣做了少量的重印，在大陸的出版界，則完全受到遺忘，甚至在許多新成立的大學圖書館中也不見踪影。我們搜集了近百冊塵封的漢學譯著，呈現給二十一世紀的中國學術界，一方面是爲了銘記前人爲推展學術而做出的努力，另一方面也是爲了提醒新常態時期的學人，學術發展有其歷史累積的脈絡，可以從中汲取歷史經驗，温故而知新。

說到「温故知新」與這批早期漢學譯著的關係，可以從兩個方面來思考，以見翻譯域外漢學如何反映了時代精神，爲融匯東西方學術思維，重新闡釋中國文化傳承，做出不可磨滅的貢獻。一是域外漢學的研究對象，以中國歷史文化典籍爲主，屬於中西文化碰撞期間興起的「國學」範疇，與五四新文化人物提倡的「整理國故」運動若合符節。研究中國歷史文化，並賦予新的學術意義，是清末民初知識精英念兹在兹的心結。歷史發展走到一個環節，時代的狂風揚起了批判傳統的大旗，風中的英雄幫着推波助瀾，却又無時或忘自己民族文化主體的未來，糾纏於「傳統」能否「現代」的困境。域外漢學的出現，以西方實證方法研究中國歷史文化傳統，綜合東西方各種語言文字材料，擴大了研究國學的眼界，即使無法打開中國文化傳統是否走到盡頭的心結，至少是提供了一個解惑的方嚮，在大霧彌漫的夜晚，看到了依稀渺茫的星光。

二是翻譯域外漢學，有一種以子之矛攻子之盾的吊詭作用，逐漸化解了中國文化思維中的自大心理與封閉心態，讓唯我獨尊的國粹基本教義派解除武裝到牙齒的盔甲，轉而吸收並接受西方實證研究的學風。民國期間新式教育制度的推行、學術體系的變化、大學學術專業的創建，具體到北京大學國學門的成立，中央研究院規劃歷史、語言、考古的研究領域，都與翻譯域外漢學背後的旨意是息息相關的。因此，重新閱覽這批民國期間的漢學譯著，對二十一世紀的現代學人來説，温故而知新，不但可以窺知民國學人追求新知的心理狀態，也會刺激吾人反思，認真思考學術研究方法與中國學術發展的前景，更進一步，探索文化傳統的重新闡釋與新知介入的關係。知識體系的變化當然與傳統的重新闡釋有關，是外爍的影響大呢，還是內因變化的成分居多？

論語·爲政記載孔子説：「温故而知新，可以爲師矣。」歷代解經，對這個「爲師」的道理，有兩種相近似但又取嚮不同的解釋。朱熹四書集注説：「故者，舊所聞。新者，今所得。言學能時習舊聞而每有新得，則所學在我而其應不窮，故可以爲人師。若夫記問之學，則無得於心而所知有限，故學記譏其不足以爲人師，正與此意互相發也。」雖然朱熹把知識分爲「舊所聞」與「新所得」，强調的却是「學而時習之」，從中生發新的心得，也就是從詮釋舊典中得到新知。這個説法與朱熹在鵝湖之會以後，作詩唱和，寫給陸九淵的詩句，「舊學商量加邃密，新知涵養轉深沉」，异曲同工，是一個意思，萬變不離其宗，舊學與新知是同一個脈絡的知識學理。

然而，有些朱熹之前的經學家，解釋「温故知新」，却有不同的取嚮。皇侃論語義疏就説：「故，謂所學已得之事也。所學已得者則温尋之不使忘失，此是月無忘其所能也。新，謂即時所學新得者也。知新，謂日知其所亡也。若學能日知所亡，月無忘所能，此乃可爲人師也。」皇侃明確説到，「故」指的是過去所學的知識，而「新」則指的是新近學到的知識，新舊結合，相互發明，就可以「爲人師」了。邢昺論語注疏循着皇侃的思路，也説：「言舊所學得者，温尋使不忘，是温故也。素所未知，學使知之，是知新也。既温尋故者，又知新者，則可以爲人師也。」這裏講的「素所未知」，就不祇是研讀舊學，有了新的體會，從過去的傳統中發展出的「新知」，而是從來没聽過、没想過的新學問了。這種「素所未知」的新學問，結合「舊所聞」，對習以爲常的知識框架，就會産生巨大的衝擊，而出現飛躍性的結構變化。知識内容或許大體沿襲傳統，知識結構却得以重新整合，出現嶄新的認知系統，重新審視自己文化傳統的意義，打開文化傳承的新局面。二十世紀上半葉的漢學譯作，就發揮了這樣的作用，促使中國學者放棄自我中心的文化態度，從各種不同側面，探知中國歷史文化的光譜，以域外（或是全球）的角度觀測中國傳統，摇動了文化的萬花筒，看到七彩繽紛的中國。

嚴復在甲午戰争之後，改良變法思想風起雲涌之時，開始大量翻譯西方思想經典著作，是有感於國人（特别是傳統文化孕育的知識精英）思維系統封閉，企圖介紹實證新知，引進邏輯思維的方法，以破除儒學之道「一以貫之」與「放之四海而皆準」的虚妄。他翻譯天演論，在序文中提到，有人歸納東西方學術思想，認爲中國文化重精神，是形而上之學，立意高超，而西方文化重物質，是形而下之學，祇追求功利的回報。他認爲，這種自以爲是的蒙昧態度，陷入傳統舊學的框囿而不自知，没有自我反思的能力，無法吸收「素所未知」的新知識，也就無法開展並弘揚自己的文化傳統。嚴復非常清楚他翻譯西方經典的目的，是爲了介紹新知，打破中國傳統思維的封閉性，但是，作爲披荆斬棘的拓荒人，他深知思想封閉者的頑固心理，必須因勢利導，以免遭到盲目衛道之士的攻訐。嚴復有其防身的策略，不會像許褚戰馬超那樣赤膊上陣，而是以桐城文章譯述赫胥黎、斯賓塞、穆勒、亞當·斯密、孟德斯鳩，博得晚清知識精英的贊許，文章深閎而傳入了新知義理。從文化變遷的角度而言，通過翻譯，以迂迴戰術來介紹西方思想，得到巨大的成功，産生了改變傳統思維體系的實效，是中國近代思想史上影響深遠的大事。以此類推，民國時期大量翻譯域外漢學的影響，也是不容忽視的思想史課題。

關於清末民初西方學術思維衝擊中國知識精英，顛覆傳統文化的知識結構，錢穆在現代中國學術論衡的序言中，從中國文化本位的立場，發出深刻的感慨，做了籠統的批評：「文化异，斯學術亦异。中國重和合，西方重分別。民國以來，中國學術界分門別類，務爲專家，與中國傳統通人通儒之學大相違异。循至返讀古籍，格不相入。此其影響將來學術之發展實大，不可不加以討論。」錢穆所指出的問題，是傳統知識體系强調「通」，文史哲不分家，最崇尚通儒，而現代學術講究專業分科，各司其職，以至於讀不通古籍呈現的整體性知識思維。姚名達在撰寫中國目録學史的時候，對西力東漸，西潮帶來的翻譯著作及新知新學，也有類似的感慨：「四部分類法，不合時代也，不僅現代爲然。自道光、咸豐允許西人入國通商傳教以來，繼以派生留學外國，於是東西洋洋籍逐年增多。學問翻新，迥出舊學之外。目録學界之思想不免爲之震蕩。」這種對學術體系發生重大變化的觀察，反映了中國學人從晚清一直到民國，夾在東西方兩種不同思維體系的衝突中，身歷其境的切身感受，因此感觸良多。

二十世紀上半葉最能代表中國學術的通儒是王國維與陳寅恪，他們浸潤了經史子集的四部知識傳統，承繼乾嘉篤實的考據學風，却都經過西洋邏輯思維與實證科學的洗禮，參與中國知識結構的轉型。對西方現代知識結構如何在中國生根發芽，不但再三致意，并且以自己的學術實踐來努力促成。王國維早在一九〇二年就寫信給張之洞，反對把經學列爲大學分科之首，而主張效法西方與日本的大學，設立哲學科，明確指出知識結構的分類不可因循傳統，而必須另起爐竈。陳寅恪在一九二五年就清華大學建制的問題，寫了吾國學術之現狀及清華之職責，指出大學的職責在於學術之獨立，而中國學術界的情況令人十分不滿，必須認真效法西方學術的體制及實踐。他說：「蓋今世治學以世界爲範圍，重在知彼，絕非閉門造車者比。」這兩位國學大師，對西方與日本的漢學研究十分注意，都是以開放態度對待域外漢學研究，集思廣益，以成其大家。

再回到「温故知新」的歷代經解，說說文化傳承的闡釋學意義。劉寶楠在論語正義中指出，上古之時，文化知識是上層統治精英的家學，不再治理實際政事的長者可以傳遞德行的知識，可以爲人師。「温故而知新」，就顯示長者不忘舊時所學，且能吸收新知，繼承并發揚這種學術與政治合一的傳統。到了孔子之時，時代出現了變化，士大夫不見得能够謹守家法，弘揚德行，也不一定能够「爲師」了。孔子之後，世變日亟，「道術爲天下裂」，文化知識不再爲少數統治精英所壟斷，也不必然與治理政事有關，學術在民間百花齊放，百家争鳴。但是，學術知識發展的脈絡基本未變，仍然是要温故知新，進德修業。從劉寶楠不經意的闡釋中，可以看到時代變遷影響了學術文化的內容，改變了知識結構的體系，但其內在發展的理路仍舊，還是需要舊學與新知的融合，才能有所發展。

劉寶楠還引述了劉逢禄的解釋：「故，古也。六經皆述古昔、稱先王者也。知新，謂通其大義，以斟酌後世之製作，漢初經師皆是也。」劉寶楠贊成這個說法，並指出，漢唐人解釋「知新」，大多數都沿用此意。也就是說，舊學是傳統的知識結構體系，新知是時代變化出現的新知識，必須相互斟酌，才能發揮得宜。至於如何對舊學「通其大義」，就見仁見智，各有說法了。從這個通達的詮釋來討論近代西學東漸的情況，我們可以看到，「温故而知新」在民國學人的心底，是産生「傳統」與「現代」糾葛的心理陷阱，不易跨越。若依照朱熹的說法，「學能時習舊聞而每有新得，則所學在我而其應不窮」，雖然在哲理上可以模模糊糊說通，但在清末民初的具體歷史環節，西學的新知屬於完全不同的知識體系，在原有的舊學脈絡中，根本無從立足，如何「其應不窮」?·所以，真要放之四海而皆準，提升「温故而知新」的普世意義，以理解域外漢學譯著與近代學術知識體系變遷的文化史意義，我們認爲，皇侃、邢昺，一直到劉寶楠的闡釋，是比較合適，並與現代文化闡釋學的説法相近。

伽達默爾（Hans-Georg Gadamer）在他的名著真理與方法中，説到認知理性與文化傳統的關係，特別指出，人們通過理性，來判斷歷史文化中事實的真相，但是人的理性與生存環境息息相關，與傳統所衍生的豐富文化底蘊有關，不可能完全超越文化傳統的思維脈絡。他認爲，人生活在文化傳統之中，就不可能「遺世獨立」，以全能超越的抽象思辨來認識傳統，甚至是批判或顛覆傳統。傳統是歷史文化延續與傳承的表徵，不會一成不變，而我們的認知理性也會因時代變遷，而不斷重新詮釋傳統。伽達默爾的闡釋學以西方文化傳統爲例，説明新知如何納入傳統，而使文化傳統生機不斷，生生不息，與中國歷代經學家的説法（朱熹除外），有异曲同工之效。以此觀照民國時期的漢學譯著，我們認爲，這批學術新知傳入中國，對中國文化傳統的繁衍與發展，實有承先啓後之功。

近代海外漢學名著叢刊的出版，最值得感謝的是南兆旭先生二十多年來搜羅的執着與努力。雖然這套叢刊不能窮盡民國時期的漢學譯著，但是，能滙集上百冊自一九四九年以來在國內不曾重印的學術著作，再度公之於世，總是功不唐捐的大功德。忝爲本叢刊的主編，我面對這批民國學術材料，先是感到紛雜無章，有些原作者的學術素養也難副當前的學術標準，甚爲猶豫。後轉念一想，這是上個世紀中國最紛亂時期的學術記録，也是民生凋敝，國勢隤危，內亂外患交加之際，仍有許多學者孜孜矻矻，戮力翻譯域外漢學，爲中國學術的傳承拓展新知的坦途，不禁肅然起敬，開始用心整理分類。掛一漏萬，在所難免，好在有學殖豐贍的諍友擔任分卷主編，並撰寫各分卷前言，實在是衷心銘感。有傅杰教授負責「歷史文化與社會經濟」、戴燕教授負責「古典文獻與語言文字」、霍巍教授負責「中外交通與邊疆史」，吾道不孤矣。在整理編輯過程中，周威先生費心最多，也是我要衷心感謝的。

道術之存亡，全在人心之嚮背。這批民國漢學譯著重新問世，對我們生長在承平之世的學人，應當有激勵的作用，爲學術研究多盡份力，讓中國學術發展更上一層樓。

鄭培凱

二〇一五年七月

前言

二十世紀三十年代是中國現代學術史上的一個黄金時期。從晚清的白話文運動，到白話文在民國初年被定爲現代國語，中國的語言也就是「漢語」本身便發生了一個很大的變化。在漢語的這一現代轉化過程中，「新文學」即白話文學、又或稱國語文學的异軍突起，又起到極爲重要的推進作用。因此，現代的漢語和文學，從一開始就如雙生子一樣關係密切，不可切分。

當然，白話文與白話文學的興起，原因不止一個，但不能否認的是，在漫長的從「邊緣」變爲「正統」的道路上，它們都受到過外來的語言和文學的刺激。這裏面既包括有現代漢語對「外來語」的吸納、新文學對外國文學的模仿，也包括了引入歐美日的方法，對漢語和文學加以研究。這個研究，還不單單是針對現代的漢語和文學，也針對古代的漢語和文學。

伴隨着漢語和文學自身的演變，而在語言學界及文學研究界發生的這些轉變，其實是中國學術在各個領域實現其現代轉型的一部分，也可以説是中國現代學術之建立的一個基礎。隨着對東洋、西洋從觀念到方法、從文獻到詮釋的全面開放，在一九三〇年前後，中國的語言學和文學研究也迎來了自己的黄金時代。

這個黄金時代出現的很多學術成果，都是當時中國學者在傳統學問的基石上，吸收外國的方法、結論得到的，如王力所説，那時的語言學，「始終是以學習西洋語言學爲目的」，文學研究也莫不如此。所以，要想說明這個學術上的黃金時代究竟是什麽樣的，又如何形成，勢必要對當時的國外漢學知其一二，尤其要對翻譯成中文出版的漢學書籍有一點瞭解。

語言學方面，自馬氏文通引入西方語法之後，在中國影響最大的恐怕就要數高本漢。從一九二七年的左傳真僞考及其他，到一九七二年的中國聲韻學大綱，他關於中國語言學的論著幾乎都有在中國（包括香港、臺灣）翻譯出版。據說早年間，在他的音韻學論文尚未譯成中文出版前，錢玄同就已經拿着其中幾頁，作上課的教材用。他的中國語言學研究的譯者賀昌群也曾說，在語言音韻學方面有所成就的學者，都是借高本漢之力。

文學方面，一個突出的現象是，日本漢學家的著作被翻譯出版最多。究其原因，大概是由於日本在歷史上受中國文化影響甚深，日本漢學家普遍有很好的漢學功底，到了明治維新以後，又先於中國接受歐美的思想、文化和學術，這兩方面的結合，促使日本漢學界産生出很多新的研究成果，其中就有像兒島獻吉郎、鈴木虎雄、本田成之、青木正兒、鹽谷温、梅澤和軒等人的著作。這些涉及中國古典文學、藝術、思想等領域的論述，兼有東西之長，比較容易爲中國學界理解和認同。因此，在現代中國的文學史、文學批評史、藝術史、哲學史等學科領域，日本的研究範式一度相當流行。

說到海外漢學的影響，還不得不提及海外漢學論著的翻譯出版，在二十世紀三十年代前後是又多又快，像成書於一九三二年的石田幹之助的歐人之漢學研究，一九三四年就有了中文譯本，就是典型的一例。這固然是由於當時的中國學界對於及時掌握海外漢學動嚮，有一種普遍的要求，可是不能忘記的是這些漢學論著的譯者，在這中間扮演了很重要的「驛騎」角色。

在這裏，也許不需要再去重復趙元任、羅常培、李方桂這一黃金組合翻譯高本漢中國音韻學研究的故事，不需要説明高本漢論著的大多翻譯者，如張世禄、賀昌群等，也都是很好的專業學者。就連最早的左傳真僞考及其他，也是經胡適推薦，由當年聲名鵲起的新鋭陸侃如翻譯的。而在陸侃如看來，他的譯介，就是爲了「東海西海互相印證」（譯跋）。

值得一説的，倒是譯過不少日本書籍、不限於漢學著作的孫俍工。孫俍工一九二四年赴日留學，他本來學的是德國文學，可是很快翻譯了鈴木虎雄的中國古代文藝論史、鹽谷温的中國文學概論講話、本田成之的中國經學史、兒島獻吉郎的中國文學通論，興趣完全轉到對中國古典的研究。他在各書的譯序中，談到過對中國衹有整理國故保存國故的口號，成績却不如日本的看法（中國古代文藝論史），談到過他要借翻譯來使人看到在被我們自己抛荒的文學園地裏，經别人代耕，而有怎樣一番禾黍芃芃的景象（中國文學概論講話），也談到過如本田成之對於孔子「别開途徑」的理解，可爲中國學者取法實多（中國經學史）。對中日學界當時情況的判斷，大概是他譯書的動機。據説他在一九二八年回國任教後，短短幾年就編出幾百萬字的書來，其中像中國文藝辭典、世界文學家列傳、中國語法講義等，有人説都涉嫌抄襲日人（彭燕郊那代人·關於孫俍工）。這也大可説明他心目中的日本學術，不光是漢學，何等優越。當然，他翻譯鈴木虎雄、鹽谷温的著作，按趙景深的説法，還是「對於中國文學的貢獻頗大」（文壇憶舊·文人印象·孫俍工）。

另外一位翻譯日文書極其勤奮的是王古魯。王古魯一九二〇年赴日讀的本來是英文系，一九二六年回國後也教過英文，但是他翻譯過的日本書籍，題材廣泛而雜駁，涉及小説與經史之學、語言文學、民族和對外關係，既有論述，也不乏考據。由於他對日本學界的追踪，與他對中日關係的觀察是聯繫在一起的，因此，他在一九三一年翻譯的田中萃一郎西人研究中國學術之沿革、一九三四年編譯的傅斯年等編著東北史綱在日本所生之反響、一九三六年編寫的最近日人研究中國學術之一斑，都在中國學界引起過强烈的反響。在他翻譯的文學論著中，最有名的恐怕就是青木正兒的中國近世戲曲史。吴梅早已表揚過他在翻譯中表現出的專業態度，即對青木正兒引書「無不一一檢校」，故「可爲青木之諍友」（序）。一九五六年他寫信給青木正兒，又説此書不僅獲得「我國各方面極爲重視」，還作爲「中文本」，與王國維宋元戲曲考等六種，入選蘇聯大百科全書的「中國戲曲」條目，説明譯作本身成了經典。而這一次的翻譯，大概也爲他後來到日本搜集古本小説、戲曲，最後成爲造詣頗深的中國文學史研究專家做了很好的鋪墊。

中國現代學術史也應該銘記這些譯者的功勞。

戴　燕

二〇一五年六月八日於復旦

作者簡介

著者

長澤規矩也（一九〇二年—一九八〇年），字士倫，號静庵，神奈川人，日本著名文獻學家。日本學術界稱他爲「書志學家」、「圖書學家」，對應於中國學術界的術語，大致爲「版本學家」、「目録學家」，或總稱爲「文獻學家」。他曾先後爲静嘉堂文庫等三十多家藏書單位整理和搜集中國古籍。

譯者

胡錫年（一九一三年—一九九六年），又名雪岩，一九一三年五月出生於浙江省海鹽縣通元鎮。胡錫年教授是我國中日關係史和日本史研究領域的著名專家。曾擔任中國日本史學會常務理事兼中日關係史分會會長、中國中日關係史研究會常務理事兼秘書長、中國中外關係史學會理事、日本東京國際基督教大學特聘教授等職，在國內外學術界享有較高的聲譽。他發表有隋唐時代中日關係中的二三事、古代日本對中國的文化影響、唐代的日本留學生、中日兩國在歷史上相互瞭解程度的比較等一系列重要論文，對中日關係史的若干重大問題進行了别開生面的研究，糾正了中外學術界不少舊説，其中許多精闢見解和結論至今爲學界廣爲沿用。

譯序

一切書籍，都可以分成二類，一類是學術書，目的在表達作者自己的思想意見，提供作者研究的成績。另一類是入門書，目的在啓迪後學，指示他一條求學的門徑，告訴他一點某種學問的基本智識。本書是屬於後者，而在許多中國國學史的入門書中，比較敍述最淸楚，取材最賅當。

近幾年來，中國個別的學術史，已經出得不少，文學史也有，哲學史也有，思想史也有，惟獨綜合的學術史，則未之前見。但是要明瞭整個中國學術發展的現象，單靠個別的學術史，猶嫌不足，因爲中國的學問，向來界限分割不嚴，各種之間，皆有錯綜交雜的關係，歷史上不朽的鉅著，往往兼有各方面的價値，不以專述一事爲滿足，所謂積學碩儒，都是淹博的通人，而非鑽牛角尖的專家。現在研究的時候，硬要把他們支離節解，非但勉強，亦難免偏曲不全之弊。本書作者，特爲綜合的敍述，稱之曰學術文藝史，可謂非獨具隻眼，對於初學的人，欲得一槪括認識的，最爲方便。這是本書的優點之一。

本書是部入門書，入門書重要的條件，不在內容的高深，而在材料分配的均勻，詳略的適度，主要的問題，無所遺漏，而冷僻之點，亦不浪費篇幅，才能算是好書。本書包涵的範圍很大，材料也很多，舉凡二千餘年來中國學術思想的發展，以及藝術文學的創作，無有不在論列的範圍，欲在這區區十萬言之內，網羅一盡，當然不可能，同時也不必要。所以能把中國學術文藝史上比較重要的材料，按其鉅細平均分配，作成有系統的說明，不致造成畸形的發展，也就算得是好書了。本書能做到這點，這是第二個優點。

中國學派的起盛衰落，不知凡幾，但是各學派的興衰，皆有其時代背景與促成其發展或衰落的因素，決非偶然。本書篇幅雖短，但於敍述各學派的嬗變之際，必能作最扼要的說明，務使前後因果讀者一目了然。同時中國的學者，向重師承，各守門戶，所以雖衆說紛紜，自有流別，處士橫議，各有統屬。本書於分別流派比較異同之際，特別着意，遂使歷史上繁複紛亂的學術現象，趨於簡單清楚，這是第三個優點。

除了上述三點以外，他如眉目清楚，對於民間文學，特別詳細，重要典籍（如詩經）的內容，能略予介紹，這都是一般學術史或文學史中所沒有的，不能不說是本書的特點，讀者於比較之後，自能明白，這裏也不暇一一介紹了。不過入門書與學術書不同，學術書貴有創見，成一家之言，所以謂名山事業，學者專家，都肯以畢生精力，完成一部鉅著，所以佳作自多，但是入門書則不然，並非表示學者自己的成績，祇是便利後學，所以名家鉅子，往往不屑提筆，反由一班略知皮毛的人，去濫竽充數，因此眞正適合於初學者的良書，爲數極少，本書雖然未必是一部盡善盡美之作，但良書之目，可以當之無愧，故敢推薦於讀者。

中國學術文藝史講話目錄

（一）序說

關於中國民族及文化的起源，向來沒有人懷疑過，深信他是在中國本部。對於古來的種種傳說也全盤接受，奉爲史實。但自西人東漸後，他們却提出異議，認爲發源於西方。而創議的人，却並不以確鑿的事實爲根據，不過由於一種傳統的偏見，以爲文明祇有白種人才能創造，理應發源於西方。同時反對此說的中國學者，在最初也犯同樣的弊病，堅持舊說，不過是一種意氣作用，無法提出證據。直到近來，中外的考古學家及人類學者，俱有長足進步，總算發現了證據。

中國本國的學者，近來進步甚速，發現也很多，但最早研究這問題，同時功績又最大的，當推瑞典的學者安德生(I. Y. Anderson) 和美國學者勃剌克 (Davidson Black)。其成績之一，便是在北平西南約五公里的周口店地方，在舊石器時代的遺蹟中，發現了世界最古至少最古之一的原人遺骨，稱之爲北京人(Peking Man)。後來勃剌克特命名爲 Sinanthropus Pekinensis。其古之程度，遠超越今日史學的範圍，從此可以證明在太古時候，中國北部早已有人類生存。其成績之二，便是在河南省澠池縣仰韶村的遺蹟中，發掘出彩色的土器，其後在甘肅省各地，絡續也有更進步的彩色土器出土，因此把他拿來與中央亞細亞地方出土的東西相比較研究，認爲中國文化，在新石器時代從西方輸入。從此遂有仰韶文明（The Yang Shao Civilization）之稱。

此外中外的學者，陸續在中國本部，及滿蒙朝鮮以及西伯利亞等地，盛行發掘，遂使中國古代的狀況，逐漸明白。結果，認爲中國民族的起源，應與文化起源，分別研究，大概在很古的時代，黃河流域一帶已經有相當文化的中國人住着。這些民族與文化，都和中亞有很深的關係。同時，揚子江流域住民，也和黃河流域的住民有很深的血族關係，而且逐漸有兩地住民的混血兒出現。因爲環境的不同，兩流域住民的人情風俗，也早有差異了。

中國向來傳說中的三皇五帝之說，現在的學者，都不肯承認它是史實。有人認爲三皇也者，不過是儒家故意捏造出來用以配合天地人三才之德的。至於古代的傳說，到底有幾分可信，現在很難說。大概所謂堯舜禹三帝，都不外是古代部落的酋長，後來的儒家，把他們自己的理想，製成種種說素，堆砌在他們身上，他們便成了後世儒家的理想人物。唐虞時代，遂成爲後世的理想黃金時代。

就是所謂夏商周三代的歷史，也不能盡信古代的傳說，以爲事實。在西洋人的發掘之前，河南安陽縣的一小屯所謂殷墟之中，已先有龜甲獸文字發現了。普通都認爲由此可證明殷王朝及其稍前的夏王朝的存在了。但這並不是說自來關於夏殷的古傳，就可以全盤相信了。而且殷墟中的遺蹟，也並非一時代之物，與殷朝相前後時期中的遺物，也一併保存，甚可注意。

本書的目的，不是考古或記述歷史，所以將中國古代的歷史文化，略略一提後，現在就要轉入本題了。本書之中，以學術文藝相提並論，或則有人要問，是否中國這兩者不可分離，在某種意義上看，這話是很對的。實際上研究中國的學問時，發現這兩者不但有密切的關係，而且缺乏明顯的界限。

本書的所用學術一詞，含義比較廣大，相當於學問一詞，即德文中的 Wissenschaft。在進行研究時，爲了便利起見，擬把中國的學問分類，先加討論。現在且從圖書的分類法上來着眼。

中國的圖書分類法，自來有七分類法與四分類法的二大派別。其中四分類法尤有勢力，中國最大的叢書，四庫全書的書名，就是根據四分類法而起的。所謂四分類法，是分爲經史子集四部，經以儒教的經典及其註釋評論爲主，文字音韻之學，即今日的語言學，則附麗在其中。史以歷史地理爲主，包含法律制度及政治上的文書，目錄類附麗在內。集以詩文等文學作品及其評論爲主，兼收文人學者的全集。子的內容最龐雜，凡儒教的經傳以外，自成一家之言的各學派，所謂諸子百家之書，天文曆算醫藥占卜之書，宗教書，書畫關係的書，以及隨筆雜記事彙之類，凡其他三部所不收的書，都收在子部中，西洋的學藝技術，也包含在這部內。今日我人所重視的戲曲小說之類，直到淸末，中國的學者，向不承認爲正式書籍，所以四部之中，應歸入那一類，從無定說。關於戲曲的理論之類，偶然在目錄中收錄，都在集部。小說則與隨筆相同，因此也有偶然列入子部的。近來的戲曲底本，則一概列入集部的附錄中了。

試看上述的圖書分類，便知其中大多是屬於人文科學的，很少有自然科學的書籍。從此，中國自然科學的不發達，也可以得到一個明證。推究原因，大概與中國人的國民性有關。原來中國人最重實際，又最關心政治，所以學問的趨向，都可以用這二個原因來解釋。人文科學是學者跨上政治舞台的手段，所以大家研究，特別發達。自然科學都與人事無關，不能達到治人的目的，所以便不見發達。其中偶有幾門，也有人問徑，所以也略有成績者，因爲他與實際生活有關。如醫藥卜占，是不用講了，就是天文曆算，不但是與農業直接有關，並可藉以觀察天象，窺探天意，在政治上甚有用處，所以也有人研究。人文科學方面，也以有關政治的學說爲最多。先秦時代，政治上沒有統一，各國皆需人才，以謀己國的強盛，因此衆說紛紜，學術特別發達。自漢武一尊儒教後，儒教思想便成爲政治上及私人倫理的典則，其餘各派，殆皆湮滅。惟有在政治上失意的人，才走入消極的老莊一派。所以後來的天下，是儒教與老莊平分的天下，大概儒教適於和平及統一之世，以人物講，官吏居多，以地方論，都會居多，老莊則適於亂世，庶民及鄉村。因此，同爲一人，在飛黃騰達時，相信儒學，一旦遭逢亂世，退官隱遁，因此走上老莊一路的，爲例也很多。

儒家的思想，向來是求上進的紳士階級教養的中心，成爲一種基礎學問。儒學遂得在中國長保持其中心學問的地位。過去一般讀書階級的腦中儒學的浸潤甚深。中國古代教育向不普遍，因此文學作品，都是出於儒教思想浸潤甚深的學者之手，成爲他們的一種餘技，或者年老以後的一種消遣品。當然年青人充滿希望的，也有作品。不過無論如何，作者的腦裏，都是裝滿了儒家的思想，因此中國的文學觀中，總離不了學問道德。作品之中，表現自己學問的，亦復不少。徵之實例，如明的丘濬曾作名爲五倫全備的戲曲，描寫孝子貞婦，以垂訓後世。如清代李汝珍所作的小說鏡花緣中，有提倡女權的思想，同書中涉及語言學的地方，亦復不少。過去的所謂文人之中，受儒家思想束縛的，爲數很多，同時，學者之中，遺留文藝作品的，爲數亦多。因此，在分類之時，許多名人，究竟應該列入文人抑學者之中，很難辨別。這類例子，不勝枚舉。所以在檢討中國文學時，非先有關於一般國學的觀念，尤其是儒教的觀念不可。同時在研究學術時，亦往往要涉及學者的文藝作品。因此這本書中，把學術與文藝，併爲一談。

儒教與儒學二詞，可以通用。由學問的立場來講，稱爲儒學，在宗教及思想的立場，則稱儒教。關於儒學的變遷，亦擬乘機在此一提。春秋時代由孔子集大成的儒學，本來含有政治觀及倫理觀，是頗爲實際而富有人間味的思想，不似後世所主張那樣一味講究形式，缺乏融通。大概後世所傳，偏於擁護既成勢力的儒學，形成於漢武帝時。漢代承秦朝的黑暗時代之後，學者都努力於書本的整理與注釋。一家之中，又自分成異派。儒教經典，成爲今日所傳的形式的，大部分在於漢朝。六朝的儒者，初受老莊，繼受佛學的影響，中心工作，仍在注釋書本。又將漢代的解釋，爲使當時的人容易了解起見，更製作義疏，風氣甚盛。唐代政治上統一之後，儒學被採作立身立言的手段，勢不容各派再事分立，因此公認的學說，從實際的立場壓倒他派。儒學在注釋方面，從此也失去了發展的餘地。遂有人起來主張與其奔競字句之末，不如捉住大義。所以受了佛教影響，耽於思索的宋學（一名理學又名道學）在宋元時代很發達，原來宋學是對漢學，即漢唐訓詁之學的反動學派，到了明代，積弊也就大了，漸與實際生活脫離關係。到了明末清初，反動又起，重實用的呼聲甚高。這種風氣，恰遇清代的文化政策，在滅絕儒者動輒干預政治的習慣，學風遂爲之一轉，大家埋頭於漢學的復興，即是所謂考證學。這種學問，埋頭於故紙堆中，與世事無關，跟向來中國人的國民性不相符合，所以行之不久，也便有此路不通的傾向，這是很自然的。這時西洋的文化，已逐漸輸入，儒學與之接觸之後，採取其長。因此到了今日，適合於今日社會，融貫中西的新學問，正在組織滋長之中。

儒學本身，雖然在變遷，但在紳士階級中，據有教養中心的地位，卻從不讓人。中國人特有的文學觀，便在這環境中培養出來了。中國人對於文學的見解，古代完全是道德的文學觀，後來一轉，變成藝術的文學觀，那是六朝的事但是到了唐朝，韓愈起來後，又把文學與道德相結附，跟着宋學的流行，文學與政治學問的關係更密接，這種情勢，一直保持到清末。中間惟有兼善詩、書、畫的一部分人士，勉強保持藝術文學觀的命脈。所以中國的學問與文藝，簡直不能分離，正如前述。

其次，且把中國文學中的各種體裁大約討論一下。在中國的文學諸體中，佔有最重要地位的，當然是詩，這與中國智識階級的實際生活有關。作詩不但是中國紳士階級的教養之一，就是在一向被視爲無學文盲的中國婦女的心目中，也有影響，善作詩的青年與能朗誦詩歌的歌妓，都是青年男女憧憬的目標。在詩中，詩經是古代的作品集，前漢有樂府出現，五七言的古體詩，本來是民間文學，在漢魏六朝之際遂成爲定型。唐代有近體詩出現，詩壇遂達到黃金時代。其後，宋詩雖在後世的作風上，自有它的特點，但直到近年的白話詩出現以前，却並無新的詩體產生。此外還有辭賦，是韻文的散文化，以發源於長江流域的楚辭爲嚆矢，與代表古代中國黃河流域文學的詩經並稱。漢代楚人佔勢力時，辭賦遂很盛行。與韻文相對照的，有普通的散文，中國一向也把它列入文學史的範圍內，尤其是對於復古的文章，價值一向估得很高，也可算是一般學問侵入文學範圍的一證。中國古今的散文，可以分成二大派，那是古文與駢文，也有人把時文列入，分成三大派的古文以達意爲主，駢文則重修辭。駢文的流行時代是六朝，唐代承其後，發生反動，所以有古文之稱目的完全在與駢文相對抗。古文盛行的時代，與宋學的衰盛約略相彷。駢文則於六朝之後，惟於唐末五代及清朝曾二度復興。不過六朝唐宋的駢文，多出於文人之手，而清朝的駢文，則多成於學者之手，信手排比故事而已。駢文一稱四六文，因爲句子多由四字句與六字句重複堆疊而成。時文是對古文而得名，意卽現代文之謂自宋以後專門用作科舉的答案，成了一種特殊文體，未免拘泥於形式，明清的八股文，尤爲明顯，但是不能算爲文藝作品。

以上所述，是中國舊式文學史中所應用的方法。但是此外尙有興於唐代，盛於宋代的新體韻文，——詞，及興於元代，延及明清的曲，位於中間的有散曲；在散文中，還有小說。這些作品自新文化運動以來，都被認爲重要的材料，與古文相比，文藝的價値顯然大得多。可惜中國古代的文人，向來泥於儒家的思想，創作當然不敢，連閱讀多認爲恥辱。文人學者，偶然爲了發洩憂鬱，抒寫情懷，有所試作，亦多不敢署名。以致現在佚名的很多。中國的戲曲小說，向被視爲美文，所以祇重修辭，不重內容，構思特別單純。戲曲比之小說，更着重美麗的詞句，因此在學者之間的地位比較高，但也正因爲如此，思想更單純。

中國文學的特質，由於漢字及中國語言的特徵，造成許多形式。漢字本非一人所創造，最初出現的，是繪圖式的象形文字，其次，是表示單純意義的所謂指事，如上、下之類，再以後，才拼合現成的二字三字，作成表示比較意義複雜的文字。在形式方面象形是不用講了，就是指事的一部分，及複合文字的大部分，其內容皆直接訴諸視覺，所以漢詩漢文，一見以後，就能給與讀者一種魅力，原因就在於此。又中國語都是單音的孤立語，即由許多單音節的字綴合，製成新語，不需要添加前置詞或後置詞，也沒有語尾變化。同一語句，在文法上可以多方面適用，而無須變化。因此漢文遂成為非常簡潔，而一方面却使文義曖昧。四聲的興起，與熟語之繁多，皆與此有關。又因很多文字，聲音相同，所以押韻很方便。重言（同一字疊用的熟語）雙聲，疊韻之類的成語，很容易發達，皆直接訴諸聽覺，使讀時有一種快感。在中國文學中，這樣訴諸視覺、聽覺的美感，也是一種特徵。漢代辭賦，六朝駢文的長成，就是能充分發揮中國語言的特點，所以不是如古文家及理學家所說那樣，認為是文章的墮落。恰恰相反，應當認為一種進步，能充分發揮文字的特長。

中國文學內容方面的特徵，如以地理環境來分辨，可以發現種種不同，其中以北方的黃河流域，與南方的長江流域，在文學史上佔有最重要的地位。現在把兩流域住民的特性，加以比較，則略如左表：

北方	消極的	保守的	說理的	粗急	豪放	鈍重	質素
南方	積極的	進步的	言情的	細緩	婉約	敏活	華麗

假使從中國民族性的特點來看，第一是現實的，所以影響到民族方面想像不發達。第二是尚古的，所以故事熟語，用得很多，復古運動的起落反覆不已。第三是形式的，看重文辭，從詩賦一直到戲曲散文，無一不是如此。第四，與政治的關係甚深，不但詔敕公文政論之類，其中很多可觀的作品，就是戲曲小說的主人公，大多亦以受官吏登用試驗的書生爲中心。插入女性，亦多與受考試之類的故事有關。第五是誇大，這或許是中國雄偉的自然，使作者有此傾向，亦未可知，如『白髮三千丈』『號五十萬百萬』等例，皆此之類也。第六，中國人尊視對偶的結果，再配合上言語文字的特性，製作出不少美麗的對句。第七，因受表面上重視倫理道德的影響，所以在評論文學價值的高下時，往往以道德爲標準。如戲曲小說之中，明明是講敍神怪豔情的故事，却往往陷於勸善懲惡的流弊中。第八，中國人易於走向兩極端，所以偶有不如上列諸點所述的，則往往走向相反的一方，如離開實際，則有神祕的宗教小說出現，反對尚古，則偶現革新的氣象，不重形式，則提倡達意的文字，沒有政治野心的文人，則以文學作品爲遊戲之具，違反道德，則往往有淫蕩的作品。以上所述諸點外，還有可以稱爲特點的，也值得考慮一下。在觀察各個作品時，也有不盡如上述各特性的，那是由於作者的個性，與個人的境遇來決定。再各作者所住的地理環境，及時代背境，往往也對作品有影響。如南北文學的相異，是前者的一例，儒教思想及老莊思想的差別，則由於後者一例。

在本章之中，作者對於文學與文藝交互使用，含義曖昧，沒有嚴格的區別，這是否表示文學與文藝兩詞，根本無所區別，抑或其中尚有差別，則差別之處在那裏？又本書爲何不名曰學術文學史而稱爲學術文藝史，這在進入本論以前，應該先加以說明。

文學，文藝二詞，本爲中國所固有，並非起於西洋文化輸入之後，而使用的方法，向來很曖昧含義頗多。自從作爲英文 Literature 的譯語後，概念益覺含混，因此，在這裏把中國古的用例，根本追溯一下。

中國文學一語，先見論語的先進篇中，在舉述孔門四科十哲時，有「文學子夏子游」一語，意義原來很廣泛，約略相當於學問，這與韓非子中所屢次提到的意義相彷。漢代的用法，亦多相同，有時則特指經學，如漢書西域傳中有「諸大夫郎爲文學者」一語，註稱「爲文學，謂學經書」之人。漢代曾設立名爲文學之官，南北朝，唐代以及於金，莫不有之，所管皆有關於文章學問之事，但是到了六朝，中國人的文學觀，漸漸進步，而有藝術的文學觀，已如上述。當時有文筆之稱，文指有韻的文字，筆指無韻的文字。用今日的眼光來看，即是訴諸審美感情的純文學，則去其「學」字，單稱爲文，其他的文章，則概稱爲筆。自西洋文化輸入後，文學一詞多用以翻譯 Literature，但在英文原義，亦有廣狹之別，遂致更含混。我人今日所用的文學一語，假使檢閱各種字典，除了上述的解釋外，還有三義，第一，凡將人類的思想感情，以言語文章來表現的作品，總稱爲文學相當於廣義的 Literature，近來已不大使用。第二，根據上述的意思，凡自然科學、政治、經濟、法律以外的各種學問，都泛稱爲文學，語言是不用講了，即歷史哲學亦包含在內，如今一般大學中學科上所用那樣。第三，是很狹義的，不泛指以語言文章來表現人類思想感情的作品，而專指訴諸感情的美的作品，因此是專指詩歌、戲曲、小說之類，這已不是學問，因此先輩往往稱之爲純文學，或美文學，以與學問區別。近來更生出第四義，特別着重一個學字，所以是指從學術的見地來批評考究美文學的作品，則稱文學。近來的趨向，倒是第四義最普通。

至於文藝一詞，究作何解，向來也很含糊，第一義是指學問和技藝。第二義是指文學與藝術。第三義，泛指一般的藝術品，舉凡詩歌文章小說戲曲繪畫彫刻書法，無不兼指。第四是專指詩歌小說戲曲，與上述文學中的第三義完全相等。中國古代文藝二字本已有之，大抵是與武藝對稱，所以有文藝之名，如大戴禮文王官人篇中有謂：

「人有多隱其情飾其僞，以賴於物，以攻其名也。有隱於仁質者，有隱於知理者，有隱於文藝者，有隱於廉勇者，有隱於忠孝者，有隱於交友者也。」

後漢徐幹的中論藝紀篇中，有「寶玉之山，土木必潤，盛德之士，文藝必衆。」皆此之類，不像是泛指學問，而特重與武藝、技藝對照之「文」的藝。又北齊書卷十六段孝賢傳中，有左列一段話：

「舉止風流，招致名士，良辰美景，未嘗虛棄，賦詩奏技，畢盡歡洽，雖草萊之士，粗閑文藝，多引入賓館，與同興賞。」

唐書卷一百八裴行儉傳中，有謂，

「李敬立盛稱王勃楊炯盧照鄰駱賓王之才，引示行儉，行儉曰，士之致遠，先器識後文藝，如勃等雖有才而浮躁衒露，豈享爵祿者哉。」

研究他的意義，都是指詩文之才。時代改變，文藝一詞的概念也漸漸改變。到了近來，文藝與文學二詞，漸漸有了固定的解釋，文藝是專指上述的第四義，即是指詩歌小說戲曲等作品，而將文學一詞，專指將文藝作品，從學術的見地來研究批評，即上述文學中的第四義。本書之中，一方面是討論一般學術，他方面則討論小說詩歌戲曲，自然用文藝一詞，較用文學一詞妥當。而且依照中國向來的習慣，戲曲小說之類，根本沒有列入文學門的資格，所以從這個觀點來看，用文藝一詞，似乎也較用文學爲妙。

(二)先秦學術思想

春秋戰國時，諸國分裂。殆秦始皇出，才加以統一，君臨天下。據傳始皇欲實行君主專制，乃焚毀天下書籍，施行愚民政策，務使在下位者惟有聽命上峯。此說的眞僞，暫且不問，然而中國的學術文藝史上，却依據此說，以焚書時間爲界，前後狀態，大不相同。焚書以前，粗略的說，卽秦朝統一以前，稱爲先秦。旣爲秦代統一以前，按理應該直上遡至太古，但是一般的見解，却並不如此，周代的盛世，往往不考慮在內，而專指周代中央集權衰弛以後的所謂春秋戰國時代。在此期間，政治失去了統一，思想界的統一，當更無論。各國當局，爲要收攬人心，獎進人材，因此學說蠭起，在中國學術史上，蔚成最燦爛熱鬧的時代。現在在進述各主要學派的大綱以前，先把中國古代的歷史略加說明。

根據傳說，中國古代，有堯舜二帝，實爲理想的太平盛世。堯制定曆法，功績甚偉，但是對於帝位，却不似後世天子那樣實行世襲，而讓與民間以孝德著聞的舜。舜仿堯的例子，將帝位讓於黃河治水有功的禹。像這樣把帝位讓於有德者的辦法，在古代認爲理想的政治，稱之曰禪讓。所謂禪者，也卽是讓的意義。禹也要仿行先例，將帝位讓於益，但禹死以後，人民懷禹之德，相率歸於禹子啓。帝位世襲的制度，遂從此而起，夏王朝也因此確立。後傳至桀王，因暴虐無道，商的湯王，加以征伐，便成爲商殷王朝的世襲。但商朝傳至紂王，也因荒淫，周武王伐而代之，成立周王朝。像這樣有德的臣民起而驅逐不惜民命的暴君，以自立爲君，古代承認他是一種非常的手段，出諸不得已，稱之爲放伐，古代的所謂革命，便是像這樣王朝的變換；廣義說來，凡是王朝更替，都可稱爲革命。但多數場合，所謂革命，是指覆滅無德的君主。革命二字的字義，自然是改革天命之謂。向以農業興國的中國，天上的現象，對於農業有顯著的影響，所以極爲重視，敬天畏天，以天界的現象來解釋人事，深信有天帝存在，威力遠超人間。依照古代的思想，天帝雖有支配與指導人民的意志，但並不直接實行意志，因此，以人間有力者爲自己的代表，以治理萬民。這樣天所授與代表的，便是天命，爲天所選中而得爲代表的，便稱天子。因此爲天代表的天子，每年有祭祀天，對天報告致謝，祈願的權利與義務。假如違背天意，不能支配與指導萬民，即失去了代表的資格。對於這樣失去資格的人，天能以天界的現象，發出警告。但是最後免職之舉，天帝却不取直接行動，委諸有代表資格的人，起而奉天命，順輿論，以奪取無資格者的地位與實權，天將補加認可。像這樣無資格的人，縱然名爲天子，天帝早已不承認了，所以縱加討伐，便也無妨。理想的辦法，由無資格者自動退位，但是有自覺退位的人，大概也不至於暴虐了，所以結果，還是非訴諸武力不可。原來在中國思想中，天子的地位，並非絕對，亦非爲持久的，正與共和國的大總統相仿，這種思想，後世依然繼續，歷代王朝的興替，未始非起因於此了。

禪讓放伐果然是中國史上的事實與否，很成問題。參照後世的實情，禪讓果然離現實太遠，就是放伐恐亦非事實。以前日本史家白鳥倉吉曾以爲堯的事績限於天文曆日；舜的事業，限於孝道聞名天下，故被推爲人君治理人事；禹的偉業，限於黃河治水。三者並無相同的功勳，後世學者以天地人三才的思想加以人格化，故才有種種不近人事的傳說。後來白鳥本人對於此說，曾全部修改，而同意於他的人却仍不少。中國近代學者，亦多不信此爲史實，以爲禪讓一說，脫胎於酋長的選擧，並非眞正讓位。帝王子孫與賢人互爭帝位，結果諸侯歸服的人，即爲天子。近年疑古派史學家顧頡剛氏，在其所著「禪讓傳說起於墨家考」（史學集刊第一期民國二十五年四月國立北平研究院刊）一文中，以爲禪讓傳說，起於墨子的尙賢說，墨子用以作爲自己宣傳的工具，才臆造出來的。並謂墨家祇說堯舜的禪讓，舜禹的禪讓，由於後人所附加。顧氏所說，現在尙未成爲學界的定說，一般人仍信堯舜禹禪讓的故事，並非全屬子虛，乃以上古酋長選擧爲藍本，或則因頒發農業所必要的曆日，或則防止了妨礙農事的黃河潰決，或則以德行高超，爲衆人所服而選爲部落之長。以這種傳說爲基礎，配合後人天地人三才的思想，再加取捨選擇，便製作成上代理想政治的傳說。或則正是一種偏重武力的亂世時代的傳說。三帝順序，曆法頒布在農業上最爲要着；故堯居先，黃河治水工程，在三帝的事業中爲最難，故禹的子孫，始行世襲。

放伐的故事，世上其他國家，亦有類似的傳說，周世以武力顛覆殷王朝，特製作此說，使周的用武，更名正言順，更有意義，有治黃河水工的夏王朝，後世出了暴君，殷尙可用武力放伐，何況對付本用武力造成的殷王朝的末世亂君呢？周室的武力建國，決非不合理，說得火一點，或則正是報夏之仇，又有何不可。儒家採用禪讓的故事，以造成政治學說，再根據放伐的故事，以製作易姓革命的議論，原也是很平常的。

夏殷周三王朝的時代，稱爲三代。三代所傳的史實，大部分是傳說，但王朝的存在，也可彷彿想像了。周代以後，史實與時俱增。周初伯夷叔夷的話，多分帶有傳說的意味。但是周代因受西方蠻族武力的壓迫，從西陲的鎬京遷都東方的洛邑，却是事實。從此周的威力，便不能及遠。封建制度的結果，諸侯勢力，逐漸膨大，互起衝突，戰亂相仍，人民疲於戰亂，封建制度便漸次崩潰。另一方面商人漸次抬頭，政治經濟兩方面，皆有顯著的變動，各種政治學說，遂乘時勃興。這是春秋戰國時代的事實。春秋戰國以前，史實可信的成分很少，學問文藝，亦無可記述的東西。所以學術文藝史，大致總以春秋戰國爲出發點。

但是，爲何到了春秋戰國時代，學術思想界突然出現空前絕後的黃金時代呢？其理由很多，現在且列述一二點。

主要原因，無論如何，總要推政治上的變遷。當時的現象，值得特別提及的，是封建制度的崩潰，傳統習慣的打破，因此貴族沒落階級打破偏重實力法權失墜等現象，相繼而至。諸侯乃登用人材，庶民得言論自由，學者對於不安的世態，紛倡救濟之策，或則進言人主，講求政策，或則勸喻萬民，解述倫理。原來學問一道，向來祗爲貴族及掌管祭祀的人所包辦。待階級制度破壞後，學問才普及民間，學派對立，才促進學說的發展。試看實例，天下的政治，本來不許當局以外的人置喙，但在春秋時代，鄭的鄉校因青年們好論議政治，當局之間遂有廢除這個教育機關的用意，由此一端，便可概知其他。

春秋戰國時代，學派紛起，關於他們的流別，在現存最古圖書目錄後漢班固所著的漢書藝文志中，稱爲九流十家。這種分類法，是依據前漢劉歆的七略爲藍本的。所謂十家，是儒，道，陰陽，法，名，墨，縱橫，雜，農，小說諸家。除去其中的小說家，便爲九流。而且班固以各家的起源，都追溯到周代相當的官職，所謂「諸子不出王官論」這種用意，原欲把所有的學派，加重權威，因此，便在盛周官制中，掌管與各家主張相近的官職中，尋求源流。所謂諸子百家，意即諸學派的總稱。所謂百者，多數之謂，並非確數。子是男子的美稱，亦有師意。

春秋戰國各學派中，最爲重要的，首推儒家。儒家的始祖，自來認定是孔子。但在論語雍也章中，孔子自己的話中，已有「君子儒」與「小人儒」之語，足見孔子之前，已有儒的名稱，殆已成爲今日學術界的定說。他們的本職，似爲掌管貴族社會的喪禮與祭祀，利用空閒的時間，在小鎮上或鄉村裏行私塾教育，所以他們的生活，絕對不是豐裕的。又因職掌關係，通常不能示強，但拘於形式，不知通融，旁人笑他們缺乏膽量。以儒字相呼，本含有優柔懦弱之意，被尊爲儒家之祖的孔丘，便是其中的傑出人材，不久便被推爲中心人物。他的祖先，是宋國的公族，宋即是殷的後裔，本是掌管祭祀先朝的國家，孔子在一方面自稱爲殷人，在文獻上（檀弓上）也有可考。胡適氏根據種種理由作成「說儒」（集刊第四本第三分民國二十三年國立中央研究院歷史語言研究所刊）一篇，認爲儒本是殷的遺民，柔弱原是被征服民族的常態。說雖有趣，但未免穿鑿過甚。馮友蘭氏作了一篇「原儒墨」一認爲儒是殷遺民的一說，證據不足。後世所尊崇的孔子，完全已經聖人化，恐非孔子的本來面目。他本是富有人間趣味，極實際的好學篤行的熱心家，在頑固的儒中間，富有通融性，善於臨機應變。他以救民出於塗炭爲己任，以爲實現自己理想最快的捷徑，莫若仕於能理解自己的諸侯，所以初時他周游列國，干求仕道，但是像他那樣人格清高的人，未免到處柄鑿不入，難以久安，於是摒棄了實現理想的希望，以學說教育子弟，回復到儒的常道。

因爲他是非常實際的人物，又富於常識，知道要拯救旁人，必先修養自己，言行一致，實爲大要，所以他提倡實踐倫理。以爲家族制度的常道，是始於孝悌，政治之術在爲良臣而後治民。普通在亂世的時候，太平美夢，往往在歷史中尋求當時的民間，或則盛傳周初周公旦的美德美政，他便利用這個傳說，倡道實現周公時代的理想社會。或則更進一步，將堯舜時代的傳說，更加以系統化，使成為一種優美的理想。學於孔子之門的人大概很多，他們一方面受孔子人格的感化，他方面從孔子方面學到干求仕途的方法。

孔子的弟子們，將孔子的學說基礎根據記錄口傳，編成論語一書，這是考知孔子言行的第一部重要書。此書傳到今日，當然已經過相當的增删了。他主張的所謂道，可以一仁字來包括。仁字的意義，正如字的本義，是謂經營共同生活，人與人之間的情愛之德。因此表現得最自然的父子兄弟之情愛，所謂孝悌，便是孔子所說仁的根本。同樣的情愛，能推及社會全體，理想的社會便實現了。所以修己治人的根本，置在一仁字上面，而達到仁的方法，他說是博文約禮，以磨煉知行，對己能盡忠（即眞心），對人能行恕。他力說到處應為旁人設想。他從這種立場，發為政治學說，自然是德政主義，以充實國力，教育國民為必要。一面在制度上注重禮，提倡大義名分，以與政治教育深相結合。

後世稱孔子之教為儒教，多少帶有宗教的氣氳，但這決不是孔教的本色。孔子之教，絕對不是宗教的，同時也非哲學的。它是實踐的。所以他的遺教，在宗教方面不見發展。天命之說，他似乎是相信的，但天人之際，他不曾詳論，相傳子不語怪力亂神。又孔子對祖先的祭祀，認為十分重要，但人死以後的問題，絕不提到，可見孔子完全不是一個宗教家。

受學於孔子的人，根據孔子的教育法，各依學者的才能，予以助長發展，或則仕於天下的諸侯，或則歸返鄉里。他們或則將孔子那裏所學來的加以提倡宣傳，或則實行。孔子的教育法完全是臨機應變的個人教育，處處適應弟子本來的性格，所以同奉孔子之道，所說亦各不同。學派因此而起。韓非的顯學篇中，稱孔子死後，儒者分而爲八，當卽指此。就是編纂論語的動機，恐怕也是由於儒家分裂太甚，不便與他派對抗，所以才在自己一派之間，製成定本，以求齊一。

孔子生時，對抗的諸學派，似乎尙未起來。但在孔子死後，有人利用人情的微細處，將孔子所未及說到的方面，敷衍成說，以自成學派。儒者爲對抗起見，才將所有儒家的理論，彙成完整的體系，所謂儒一學派，便這樣成立。

孔門之中，最最傑出的人材，首推顏回，論語中說他早死。其次子夏仕於魏文侯，從事教育事業，相傳對於孔教的流傳，功勳甚大。但他自己的學說，幾乎完全不傳。其中曾參相傳以謹直孝行聞，根據舊說，孝經一書，是他所著。其實，孝經一書，是深通儒家學說的戰國時代的作品，大概曾子一派，對於孔子所說的孝道，特別重視，因此孝經或爲孔門中屬於曾子一系的人物的作品。其中子游特別重禮。

孔子之子名鯉，先孔子而死。鯉的子伋（子思）相傳卽爲中庸的作者。此書在秦的統一前後，也有人增補過。書名的本意，所謂中者，是無過與不及；庸者，是平常的道理。要行中庸之道，不能不留心孔子所說忠恕之道。也卽是將孔子已經說過的東西，加以系統化而已。一說後人增補的部分，使重實踐的孔子之教，加重哲學的意味，解釋天人的關係，以誠爲天地的法則，論述君臣，父子，夫婦，昆弟，朋友之間的五倫及知仁勇三德。

屬於子思系統的孟子，是戰國時代人物，生於鄰近孔子故鄉魯的鄒地，思想上當然受孔子很大的影響。但是孟子的時代，與孔子的時代不同了，爲了對抗其他學派，不得不積極鼓吹己派的學說。一方面因爲政治背景改變了，學說因之改變，自是當然的道理。今日所傳孟子七篇，成於他的門人之手。從孟子一書中，可以看出他的學說。其中最有名的爲性善說，他以爲人類有先天的良心（他所謂本心，又謂赤子之心）是爲良知良能，卽是分別行動善惡的原動力，也卽是仁義禮智四德的端緒。所謂四端，卽是惻隱，羞恥，恭敬，是非之心。但是果眞人人有良心，如何還會有惡人呢？原來人生下以後，蔽於物欲，受環境支配的結果，所以人須常自反省，壓抑欲心，保持本心。進而所謂養浩然之氣，擴充四端，努力完成四德，不稍沾染惡習，這是他的修養方法。在四德之中，孟子特重仁義。這二字的連稱，始於孟子。他又論述君臣，父子，夫婦，長幼，朋友間的五倫之道，這是擴充孔子的孝悌之說，並以之與帝舜相結附，這便是孟子所說的基礎所在。他一面祖述孔子，同時倡導堯舜禹湯文武的所謂先王之道，並加以附會。

孟子的政治主張，也由性善說出發。他以爲擴充不忍人之心，即可行不忍人之政，這便是仁政，也就是王道。依他意見政治上經濟上的一切制度，皆是爲了人民而制作的。爲君主的應該爲了人民的福利，實行種種設施，例如減輕稅金，振興產業，頒布有益於生產事業的種種禁令，決不可因爲了公家的事業，礙民生產。施政的方針，務使人民有恆產，生活安樂。他說每九百畝方形的田地，周圍各百畝，劃成八區，使八人自耕自收，中央的百畝，由此八人協力同耕，有所收穫，便納爲租稅。這種井田法，是孟子所力說，恐實際上也祇他的一種理想罷了。他的理論，發達至極點，君主便爲人民而設，採取禪讓說，最爲理想，否則革命亦不非難，他的政治主張是澈底的民本主義。

先秦時代，最後出的儒家，便是荀卿，他在戰國末年，生於趙，仕於齊楚，遂隱居於楚之蘭陵。漢時有人稱之爲孫卿，這是因孫荀同音的緣故。他的學說，傳於荀子一書中。但今日所傳的荀子，已非本來面目。除了敍述自己的主張以外，還批評責難其他學派。荀子雖尊重孔子，但與孟子則因學說的不同，而加以責難。

荀子學說的基礎，爲性惡論，與孟子的性善論，正相反對，大概當時的社會狀態，有以導成此說。他認爲人的本性，貪婪利欲遂有淫亂爭奪的行爲，因此不能不加以人爲的矯正，這便是他的倫理學，教育學的出發點。他用「僞」的一字作爲人爲人工之意，以爲用博學的手段，可達到積善的目的。他爲學的主要對象，便是禮。

禮之一詞，不必單指一個觀念。社會的儀式典禮，稱爲禮，或則此義本發源於宗教儀式，亦未可知。倫理的人類的禮法也是禮，社會的法制秩序也是禮。荀子的所謂禮大概兼有這三種意義。禮是聖人用以矯正人類的情性，整頓社會的秩序，爲了國家的太平安寧而制定。在他看來，禮應持有權威。同時與禮相伴的在儀式中所用的樂，他也着重。

因此荀子的政治主張是重禮的，主張以禮來治理國家。他的理論，都縝密周詳，尤以政治說爲甚。他說社會組織時，認人類有羣居的性質，對外協力適應，主張分業守分。他對於國家成立的要素，特舉出領土，人民，法制主權諸點，見解是很進步了。說到法制時，偏重法制的應用，他主張人君任用賢人，並重視賞罰。

關於荀子的學說，還有一事，不能不特別提出，就是對於天的解釋。他雖然也是儒家，但並不以天爲有人格的意識，不承認與人事有關，排斥宿命的迷信論，以天災解釋人事。又與下述的名墨兩家相對抗，乃根據孔子正名實的思想，關於概念的構成，試爲論理的說明。因論述制名的必要，制名的根據，方法與規範，這便是荀子的正名篇的精義。

儒家到了荀子手裏，因與其他的學派相對立，不能不加以系統化，同時也不免稍稍離開了孔子的本意，這點我們也得認清。因爲要依據禮法，以矯正性惡。結果不得不看重施行禮法的主權，不得不重視賞罰，與下述法家的法治主義相近一點，也是事實。

孟子所欲極力對抗的墨家，在韓非子中，却把他與儒家並立。其祖墨翟，傳記殘缺不全，生地固然不知，連生存的時代，也無確說，甚至有人異想天開，說他是印度人。大致說來，他是孔子之後，孟子之前的人。信仰他的人，稱爲墨家，又稱墨者，其首領代代稱鉅子，又稱巨子，在先秦的諸學派中，直接採用始祖的姓作爲學派之名的，祇此一家，別無他例。又有人說墨者非姓，乃刑役之徒的別名。

關於墨家的起源，據馮友蘭的意見，以爲自貴族制度崩潰以後，自來在貴族間養成的技術者，往往出諸民間，別成所謂士的階級。士的大別，可分爲文士與武士，文士是儒家的起源，武士却是墨家的起源。用當時語言來說，卽爲儒士與俠士，而墨家也者，卽是墨子所率領的俠士的團體組織。所謂鉅子，卽是這團體中操生殺之權的領袖。馮氏的意見，尙未成爲學界的定說，但是相信的人，却已很多。至於舊說呢？以爲墨家的興起，是儒家的反動。以貴族爲本位的儒者，學說都於平民不利，因此平民之間，遂起反動的組織。

墨家的學說，現在可從墨子一書中看到。但是這書的定本，頗爲混亂。單是整理版本，已夠麻煩。恐怕今日學界所見到的本子，卽是韓非子顯學中所稱墨家之派的混合本。

墨家的學說產生於缺乏愛的亂世，在這點上與儒家旨趣相同。將天人格化，認天爲有意志一點，亦與儒家同。至於天加賞罰一點，比儒家說得更明確，又確認鬼神的存在，所以比之儒家，宗教色彩顯然濃多了。儒家重傳統，重規定階級差別的禮，但墨家却排斥傳統階級，採取尙賢主義，所以也謳歌堯舜的禪讓。

墨家謀增進人民的福利，他的學說以兼愛爲中心。他認爲人人如能無自己與旁人之別，無差別的愛旁人，利旁人，便與天的意志一致了，天下便無紛爭了。其說與儒教的仁，基督教的博愛相似。但仁的意義，同樣的愛人，却因血族關係的深淺，認愛有等差。博愛雖無條件，但與兼愛之義，亦略有不同。兼愛之意，以愛旁人，利旁人而自己受其報。墨家實行兼愛的方法，是強本節用，勸人勤儉，所以他主張節葬，認禮樂爲無用。

他的政治主張，因說兼愛，當然傾向非戰論，根據這個論點，講述戰時的防禦法。與尙賢主義相表裏的，卽尙同主義，在下位的，必須同意於在上位的是非之見。

儒家的主張，是與治者相結附，以實行理想，傾向治者本位。因過分重視禮樂，未免流於形式化。孔子雖絕不主張不合身分的葬祭之禮，但在民間，吉凶之際，似已有偏重於身分不合的形式習慣了。治者階級因奔逐私利，不顧人民疾苦，戰亂無有已時，人民的生命財產，朝不保夕，相率爭營私利，乃爲當然之事。反映這種世態，遂有墨者之教出來。一面幫助他們，一面警戒也是很自然的。這種學說，極易打入民間，所以較儒家流行還快，且有與儒家相似之處，未免魚目混珠，淆亂儒家的學說，所以像孟子等儒家的學者，認爲是已派的大敵，極力攻擊辯難，亦不是無的放矢了。

墨子的書中，關於論理學的記述不少，歸納法，演繹法無不具備，敍述辯論的目的與方法。凡此諸說，見於經上經下經說上經說下大取小取等六篇中。普通以爲這是墨家別派的作品，稱這派的學說爲別墨，與先秦專攻論理學的名家一派有關。當然別墨之稱，並非專指墨家中論理學一派。莊子天下篇中有「相謂別墨」一語，足證墨家中的各派，祇認自己一派爲墨家的正統，其餘的便是別墨，以相攻訐。

名家是古代的刑名之學。刑名二字，與形名通，意即實形與名義。所以刑名所攻究的是名與實，換句話說，即是語言與語言所代表的概念，務相一致。其初與儒家的正名論相當，屬於名學派的學者，有與莊子孟子同時的宋人惠施，趙人公孫龍子，其學說大多見莊子及荀子兩書中。這派中的學者公孫龍子尚有殘存的作品六篇，即名公孫龍子。

在名家一派的學者中，向來有以詭辯術非難鄭子產政治的鄧析一人，但是近來馮友蘭氏在其所著原名法陰陽道德一篇中，以爲鄧析惠施都是法律家，以名家而出任訟師。但在另一方面，却早有顧實陳柱二氏，以法律家的鄧析與名家的鄧析，是同名異人。二說不知孰是，還難斷定。但是因爲攻究政治倫理之學，名實一致，實爲必要。同時，因爲學派的對立，論理思想必然發達，在先秦思想中名家的位置，正與希臘哲學中有 Sophists 一派相同。而且，由於正名實必要而生之名家，一轉而對於辯論發生興趣，專攻此道，寶弄詭辯術以折服對方。而學派的對立，尤使後者的傾向顯著。

惠施也如墨家一樣，主張兼愛非攻。他之所以不列入普通墨家之中者，據說由於他沒有加入墨者的團體之故。他是很博學的，藏書甚多。他的議論，在莊子的天下篇中，曾舉出要點十項，可惜都止於結論，不舉前提，今人不能知其詳。但是爲了要與兼愛說以理論的根據，乃說天地萬物爲一體，以爲空間時間的區分，是相對的，而決非絕對的。一切同異，都不過是因便制宜的區別，而決非本來如此。他舉過九例後，歸結到第十條上說「汎愛萬物，天地一體也。」說明汎愛是人類的道德。

公孫龍子也是非戰論者，彼注重名實相符，似乎有意將此種學說與政治論相結合。有名的「白馬非馬」與「堅白異同」之論，就出於此公之手。他白馬論的邏輯，是以白是色之名，馬是形之名，色與形本無直接關係，所以說白馬時，是指色而非指形的馬，即是白馬非馬。他更進一步說黃馬非白馬，所以假定白馬是馬，黃馬勢必非馬了。假使說黃馬非馬，而同時却說白馬是馬，豈非荒謬。因此白馬是馬的假定，也不能成立了。此種論辯，顯然是在分析觀念了。所謂堅白論，是辯難堅白異同，堅白石者非謂堅白與石三者是可以分離的東西，訴諸觸角是堅石，訴諸視覺是白石，堅白二者想其一時，必須除去其另一，所以堅白石非是三者，實是二者。然而我人仍能統一觸覺視覺而有一堅白石的觀念者，因爲我人精神之中有統一的機能。他這種論說，顯然是在分析知覺了。但是，他的論述分明是把部分的概念，統括於全體概念中的一點事實忽略了。

名家所說的一斑，在莊子天下篇中，尚有二十一條，否認空間差異的，有「郢（楚之都）有天下」否認時間差異的有「卵有毛」（卵爲有毛之鳥之屬）雞三足（二足外尚有使雞走的意識中的一足。）「火不熱」注重精神的作用，「狗非犬」「龜長於蛇」等是否認一切的同異爲絕對的。又因羊犬皆是人類爲便利而給與的名詞，遂有「犬可以爲羊」之說。他們的出名，就在賣弄這一類的詭辯，使旁人茫然若失。

與儒家對抗的道家，一直到後代，始終在中國的思想界有很大的勢力。這學派稱爲老莊學派。屬於這派的學者，自來列舉老子莊子列子等人，近來頗有人把楊子也歸在這一類內，道家的名詞，大概出於這派的主要經典老子所著的道德經。但馮友蘭氏在其所著的中國哲學史及前面引過的原名法陰陽道德一文中，以爲道家的起源出於隱士。而且與老莊思想類似的隱者在論語中已屢次提到。生於戰亂不絕的社會中，而沒有積極辦法的人，自然會對現實社會失望，而發生一種消極的隱遁思想，本來不一定要等待到老子出來才有。史記的記述，不過是根據後世道家學派成立之後的傳說，不一定是當時的事實。所以關於道家的起源，以馮氏一說最爲自然。

關於道家鼻祖老子的事跡，現在不甚明瞭。老子最早的傳記，是漢武帝時司馬遷所著史記中的老子傳。根據此傳所說，李耳字聃，楚之苦縣人，孔子曾向他問禮。周室衰後，經過函谷關時，將不知所至，因關令尹喜的要求，遂著五千言留於後世。該傳到此，乃略記孔子同時的楚人老萊子後，又復回到老子的長壽，次復稱孔子死後約百年，周的太史儋曾遇秦獻公，因有一說儋即老子。結論稱老子爲隱君子。末了又附記老子的子孫。所以在史記的本傳中，已經鬧不清楚。考其原因，究竟是司馬遷時，關於老子的事績，已諸說紛紜莫衷一是，因此司馬遷已不能分辨眞僞呢？還是史記的文中，雜有錯簡呢？自淸代的汪中起，有許多學者想把三人的傳記加以明確的改正，結果却終無定說。

現在所流行的老子道德經作者，認爲是李耳的人也有，認爲是老聃的人也有。老子書中的思想，比論語進步多了，且有許多地方，可以看作在批評儒家的學說。使用的文體文辭，不但不一樣，且有矛盾重複的地方。因此被認爲論語以後的作品而且不是一時的作品。日本武內義雄氏因書中韻文多於散文，所以認爲是經過長時期傳誦的緣故。在今日的學者中，惟有胡適一人，仍信孔子曾問禮於老子的舊說，以爲老子是深通喪禮的消極的舊式儒者，以後成爲逃避現實的道家之祖，此說見於胡氏「說儒」一文的末節中。但是一般的看法，以爲老子一書，是在道家形成以後所編成的，不一定是老子的作品，不過將作者附會於古代實有人物的老子身上，再不然，所謂作者老子，完全是架空的人物，根本莫須有其人。因在老子傳中所記的事跡，比孔子神祕多了。

今日的老子大概是戰國時代的作品，以之與儒家的作品相比，哲學意味便重多了。老子也說道，但和儒家所說的字雖同而意却大不同。老子所稱的道，是指絕對無差別的宇宙的本體，超越時間空間的觀念，爲萬有之本原，不能加以具體的形容，完全是在認識彼岸的實在。道一名無，從無生有，有生萬物。假使從萬物發生的順序來言，道生一，一生二，二生三，三生萬物。普通以二爲陰陽二氣，三者是加入冲和之氣。因此他的修養法，以歸於本體爲目的，排斥一切智慧技巧，以回復到本來自然的嬰兒狀態，主張自然無爲，恬淡無慾，避免紛爭，重視謙讓，如此方能體會道。能與道一體的人便是聖人眞人。這種學說，到了政治上便認定爲技巧是一切國家紛爭的泉源，做君主的人，應該自然無爲，回復到原始狀態，如此人民便自化，天下便自治，絕對否認法制禮教仁義之說。像這樣的修養說，政治論，一方面可以反映當時競才智重利害的世態，他方面却在駁斥儒家的教育說，政治論。

列御寇的事蹟，也不明瞭。今日所傳的列子一書，是六朝時人所編纂的，已成爲學術界的定說。但據說列子是實有的人物，此書是根據列子有關的文章所成的。內容方面，是把老子的本體論，加以相當修飾，乃唱宿命論，摒絕利害觀念，重視虛靜。

莊子名周，宋人，約與孟子同時，嘗爲蒙之漆園吏。在道家之中，是最確鑿的人物。所著書中至今傳有莊子內外雜等篇，自來的定說，以爲內篇爲莊子本人所作，其餘則出於門人之筆。但至最近，連內篇是否爲莊子所作，也已成了學術界的問題。

莊子也是萬物一元論者，「無」爲本體，絕對普遍。世間之爭執是非眞僞，由於祇着眼在小處，不見大處之故。齊物論一章，引用「始」「無始」「有」「無」等字，否定一切。所以他的處世觀，是以逍遙於超出世間絕對無限的藐姑射山爲目的。他的手段，要求摒除智慧，自然無爲，以致於無益無用。他曾舉實例說明，以爲有用之木，難免斬伐，無用之木，被人棄置，方能成爲大木。殘廢的巨人，可以免於公役，有時倘能遇善人救恤。他的人生觀是超越死生的，以爲有了生才有死，假如無生，死便也無了。以爲人生的一切，無論貧賤富貴，無不出於絕對的天命，所以他又是宿命論者。他的修養方法，主張自然無爲，虛心，絕欲，摒去執着，即他所謂心齋坐忘，換句話說，就是心的齋戒，將自己的身體智識完全忘去。他的社會觀主張絕對的自由平等，他的政治論，主張打破禮教。

莊子的思想，也一定是反映當時煩瑣社會的產物，乃憧憬超出塵世，逍遙於理想鄉中的妙境。遂造成了秦漢的神仙思想。以爲得住理想鄉中的人，便是神人仙人，可以不老不死，據說誆騙秦始皇而被生埋的方士術士，便是這些徹悟不生不死之道的人。

在道家之中，還有一人，也須要提一筆，即孟子所謂楊朱墨翟之言盈天下的楊朱，此人提倡極端的利己主義，孟子雖謂其說流行於天下，但是到了現在，楊子的傳說也已不明，著作也已不傳，祇能根據孟子莊子呂氏春秋韓非子列子及漢代的著作中，略略窺見楊朱的學說。

楊朱排斥名利等方外之物的誘惑，主張保全個人的天性與生命，否認人間的社會生活，採取個人主義。縱任自然，排斥物欲，本來是道家共有的思想。但楊朱特別強調利己自得一點，所以被解釋作利己的享樂主義。而信仰楊子學說的人，又多側重這一點，遂成爲孟子攻擊的標的。

段。

在先秦諸學派之中，最後出現而集大成的重要學派，便是法家。此派大體上講究君主專制的政治手段。若從儒家的觀點來說，便是助長霸道的技術。法家的起源，據其本派中的大家說，出於法術之士，差不多已成爲學術界的定說。所謂法術之士，便是專門的實踐政治家。法家的始祖，推重管仲，因爲管仲曾有幫助齊桓王稱霸天下的實際成績。

中國古代的主要各學派，歸根結底，總不免與政治說有關。儒家的王道主義政治論，道家的自然無爲政治論，都是這一類。他們雖都發爲議論，要想移諸實行，祇因疏於當時政界的實際情形，無法插足，雖如孔子那樣實踐的人物，結果也覺悟自己的學說，終究是太理想，祇好從第一綫退出。其餘的人便可概知了。但是法術之士，却與此相反，他們都是實際家，深通政界的黑幕。明白主權漸從君主移於貴族大臣的過程，有辦法能造成中央集權之實，因此法家能飛黃騰達，有機會運用實際政治。

集法家之大成的，是生存於戰國末秦代初的韓非子。在他之前，法家尙有重術的申不害，尙勢的愼到與主法的商鞅。申不害曾爲弱小的韓國大臣，修明內政外交，頗有實際的政治成績。他注重君主統御臣下的方法，卽是所謂術。人主不必積極工作，祇要自然無爲，觀察臣下的政策與實績，是否符合考核名實是否一致，以定賞罰。並採名家的刑名論與道家的無爲說，以應用於實際政治，所著申子一書，今祇傳留斷片了。

慎到居於齊國，本來宗尚道家，排斥聖賢智慧，主張根據法令來治理天下。以爲凡事之實行，成功與否，與實行人的環境背景，有重大關係。這種環境背景，他就稱之爲位勢。商鞅是衞侯的同族人，曾輔助秦的孝公，他力說君主政權的確立，須嚴格執行臣下可遵守的法禁。他獎勵農業，遂行富國之策。現在流傳的商君書，懷疑的人很多。

韓非子是韓室的自族，因爲鑒於國家的日趨弱小，曾諫說韓王，不聽，遂發憤研究君主集權的方法。以爲上述三人的學說，對於君權的擴大，都很重要，不能偏廢。三人的所以不能奏大功，就是太偏重一端了。據說他又曾受學於荀子，即以荀子的性惡說，適應於臣下的言動。以後參學老莊，即以道家的無爲自然說，應用於君主。乃將申子統御術的基本主張，益加強化，參同刑名之學，力說必賞必罰。但韓非子不像儒家，不說教育的必要性，因爲勸善不易，遂主專致力於禁惡，使法律保持絕對性。也不像道家，不以太古社會爲理想，因爲社會在逐漸進化，時勢在逐漸變遷，主張政治的方針，也須隨之改變。他根本不奔逐理想，而注重現實。韓非因爲圖謀富國強兵與中央集權，所以獎勵實業，對於不務農耕，批評法律的學者，搗亂法律的俠士，根本排斥。主張登庸人材，圖謀削弱豪貴重臣的實權，因此法家對於人君，頗有利益，但爲貴族儒俠所敵視。所謂韓非子（韓子）一書，也不是一時之作，是經過後人增删的。

以上所說，都是比較主要的學派。以下擬把其他各派，略加說明。

齊國在威王宣王二代優遇學者，在京都城門之一的稷門之下，廣築住宅，招徠天下的學者，使其羣集論學其中有一人名叫騶衍，以陰陽五行之說與儒家的思想相結附，倡導荒誕的怪說。所謂陰陽之說，其實卽是天地的生成論，以爲太古宇宙之始，天地未分之前，天下混沌，如氣一團，這便叫做太極，又叫太一。此氣分離，便成爲天地。天的氣屬陽，地的氣屬陰。陽氣所積聚成的是火，陰氣所積聚成是水，這兩者便是日月，而且，這天地兩氣交錯以後，天上由日月而生五惑星，地上生木，火，土，金，水，這便是五行說的根本。又以爲陰陽之道，表現在時間方面的，是四時晝夜之別。此說本脫胎於中國古代的天文占星術，究竟是中國固有的學說，還是從西方傳來的，迄無定說。但以此道解釋人事，認五行爲一種自然的勢力，其盛衰與歷史相結附，便演成各王朝的推移與替諸說。又把天象人事相結合，以爲人君的行動，可以天象的行運來表示。又以爲天下分成九州，中國佔有其一，名赤縣神州，此說後來敷會成騶衍的九州說。因此，騶衍之學說，是要以已知的經驗，來推知未知的知識，可以說是科學的研究法。說雖怪誕，但目的仍不離於勸說君臣上下的仁義節儉，這點又與儒家相結附了。

農家的學說，主張君臣上下，平等從事於農事。其發端當起於獎勵農業的意思，可以反映崇尙學術理論的戰國時代的實情。但是君臣並耕一說，無異漠視君臣上下的差別，對於擴張君權的學說相衝突，遂爲當局所抑制，勢力始終不大。在孟子滕文公上篇中，舉出名叫許行的人物，申述神農之言。大概神農便是這派人製作出來的祖先。

從橫家的起源，大概出於外交專家。他們乘列國諸侯，互相講求富國強兵政策的時候，順着人君的欲望，逞一己的辯才，以斡旋處理相互間的關係，坐博漁人之利。諸侯利用他們，以達到自己部分的目的，而省去極大的戰費。他們因此得高官厚祿。因爲秦國獨強，其他諸國的存續與否，都汲汲可危，因此他們更有活躍的餘地。其中蘇秦努力使六國縱的聯合，稱爲合從。張儀策動破壞六國的聯合陣綫，以與秦橫的通聲氣，稱爲連衡。國策一書，是秦代的作品，內記這班外交家與各國的君主，各飾其表，實則內藏禍心的互相往來。談吐文辭，頗爲巧妙。近來有一部分學者，以爲蘇秦張儀非實有的人物，出於假託。事實上或則眞的沒有這二人，但無論如何，以外交術而博豐衣厚食的，必大有人在。

所謂雜家，不專屬於以上任何一家，折衷各派的學說，以自成一見。專屬於這派的作品，自來要推秦統一前後的大臣呂不韋的門客所著的呂氏春秋。但其中心思想仍不脫儒家窠臼，主張不以私害公，獎勵耕織，爲民之利。並論述學問的重要，以此爲達成天性之道。舉凡先秦時代知識階級的思想知識風習，無不應有盡有，駁雜就在於此。但漢代的淮南子，却是很重要的文獻。

九流以外的小說家，雖有書籍，但思想學術却全無。其他如兵家，專說兵法，齊的孫武，衞的吳起，是最著名的兵法家，相傳有孫子吳子等著作。但究竟是否爲他們的作品，却無法證實。

先秦的諸學派，大概都已提到了。但在自然科學方面，却並無可資參考的文獻。天文曆算之學，似乎很發達。但有人說是中亞細亞方面所傳來的。如今所保留的文，祇有零簡碎片，頗爲殘闕，除了上述的呂氏春秋以外，墨子中也有一部分。

各學派成立的年代先後，至今諸說紛紜，莫衷一是，而各派中學者的生歿年代，更茫然無可考究了。其實，仔細一想，這些問題原不必苛求。處理任何事物，總不出積極消極二途，中國古代在亂離之際，處世態度，當亦不出這二者。不是積極的進而講究救濟萬民之策，必退而保身全命。這兩種思想，必對峙而起，原不必待儒家道家的成立，也不必等到春秋時代，才有這種思想。而且代表積極思想的是儒家，代表消極思想的是道家，祇要如此一想，孔子老子的年代先後，固已不成問題，就是兩家思想成立的先後，亦何必過分理會。不過今日所傳的老子，或者因道家欲對抗儒家，才揑造出來的人物，所以特說孔子曾受教老子，無非表示高出一著。墨家一定是儒家的政治學說，太偏袒統治階級，又太拘泥形式，一般民衆，不堪繁褥，才出來收攬人心的。其祖墨翟的傳說，也缺乏明瞭，一說是孔子同時的人，說不定也是墨者爲了對抗儒家才造出來的假想人物。陰陽家近乎積極論者，其所根據的陰陽五行說，亦與儒家的學說相結附，名家本起源於正名實，所以也是儒家的系統。至於荀子與墨子，原有相同的論理學存在，一脈相通，更不成問題了。但法家的思想，却與此相反，多採用老莊的自然無爲說。農家否認君臣之別，主張回復到太古的農業時代，與道家的重尙原始時代的思想相同。從橫家不知所從出，但深入人情的底面，也稍與道家相近。

如此看來，先秦的諸學派，是可以分成二大派的，日本的武內氏主張分成儒道二者，理由略如上述。而胡適却主張分成儒墨二者，祇以名家歸於墨者，餘盡列入儒家。孟子極力攻擊的是楊墨二派，因爲這二派都主張愛，有與儒家的仁字類似的地方，防其魚目混珠。似是而非的墨家，利用儒者對於民衆方面的缺點，努力向民衆宣傳，頗使儒家難於防禦，感到棘手。

以上諸派，假使從別方面來觀察，儒、法、名、陰陽、從橫各家，是與治者階級相結附的，道墨農諸家，是深入被統治階級的。其中儒墨二家，比較的主張維持現狀，企圖將現有狀態，加以多少的更張。而道家法家，根本否認現有政治，前者主張回復到太古時代，後者主張依當時的實情，施行改革。

先秦時代，學術界雖如此熱鬧，但到了秦代統一，專制政體確立時，都立刻衰退下來。史記太史公自序中也說，漢初復興的祇有儒道陰陽、法、名、墨六家，更往後去索性祇存儒道二家，究竟理由何在，當然是很值得注意的，大概如農家之類主張打破階級觀念理論非不堂皇美觀，但是究竟離實際太遠，在複雜的社會中，不能不有主權階層，否則便無法統治。從横家根本是列國紛爭的產物，國家統一以後根本沒有了外交活動的餘地，其論說到了漢代，便成爲論策，雜家在漢代雖有淮南子，但過於駁雜，便失却了卓立的特點。

中國古代的學術，多少與政治相結附，離開了政治便無法存在。因此，原爲治者正名而起的名家，一進入論理學，便流於詭辯遊戲之類，與政治無復關係，遂趨滅絕，所以名家是不能復興的。法家是重實踐的學派，不尙理想，得勢以後在秦代果風行一時，但民衆的智識漸高，他們自己漸覺悟後，覺得在如此單重法律的政權下，難於生活，因此法家的主張便不易實行了。且專制君主無論怎樣努力毀壞教育機關，但是一部分民衆的向學之心，總是無法撲滅的。因此法家的中絕，自屬當然，墨者最與儒家相類似，最能抓住儒家的弱點，因此到漢武帝時儒學被尊爲國教以後，墨家便最受迫害，遂至斷絕流傳。但在今日，祇有儒家偏面的文獻，再欲搜求迫害的文獻自然不可能了。然而勤儉論非戰論之類的斷片作品，雖不冠以儒家之名，後世仍不時出現。

道家的滅絕是不可能的。表面上或暫時匿跡，實際上並非眞的絕傳。一到亂世，便又抬頭，因爲他抓住人生觀的消極一面，所以能永久留傳。陰陽家一時結附儒家，一時又結附道家，便失了獨立性。後來有附會道家的道教一派宗教出現，能長期保有民間的信仰，致影響佛教改變原有的姿態。儒釋道三教之爭，便起源於此。

(三)先秦時代的文藝

中國文學的特徵，與漢字本身有關。但是漢字是什麽時候形成的，現在却尚未明白。在形成今日的字體之先，早已有了好幾度的變化。自來的國學家，講到漢字問題時，總以說文爲準則，但說文本身，還是後漢的作品，在它之前，字形早已有過好幾次的變化。就是說文中所不收的文字現在也未能遽斷爲當代所沒有。說文以前的金石文，尤其自從大名鼎鼎的甲骨文發現以來，今日我人對於漢字字體變遷的智識，早已突越前人，勢將把前人的見解，根本翻案。

今日我們對於漢字字面的認識，雖已較前人進了一步，但是漢字最初期的字體究竟若何，仍不能知道。依據舊說，相傳是黃帝的史官蒼頡所製作，但是字數如此繁多，當非一朝一夕所能完成，這大概由於古代中國，有種傳統的觀念，以爲天地萬物，皆有創造者，因之遂將漢字的無數作者，結集在蒼頡的一人身上。

韻文的出現，當在文字製作以前，是沒有問題的。就是散文，恐怕也在文字形成以前，已有口傳。不過大概說來，散文的存在，還應看做文字製作以後的產物爲妥。至於最初的文藝作品是什麽，當然現在還不明白。

自來所傳說的中國古代文藝作品，大概出於後世假託居多。比較能夠相信的東西，是詩經的大部分和書經的一部分。但就是這兩種書，也不能完全認爲卽是殷周的韻文和三代的記錄。前者中的商頌，不是殷代作品，而是周代所封殷的後裔宋人的歌謠，今日已成爲學術界的定說。書經中的虞書，也非當時的記錄，倒是向來認爲周代記錄的周書，比較可信。因此也比虞書爲早。今日差不多也已成爲定論。此外，還有刻在龜甲獸骨上的殷代卜辭，和鐘鼎彝器上的三代銘文，但這兩者都祇存零碎片斷，根本談不上所謂文藝。

中國現存最古的韻文，首推詩經。根據傳說，古代政治當局，爲了作爲施政的參考，特設采詩之官，蒐集各地民間的歌謠，這便是詩經的來源。又謂古來所傳的詩，約有三千，經過孔子的刪改後，編纂成三百篇。關於采詩之官，在漢書藝文志，食貨志中都有記述，以爲採集民意，作爲治者設施的鑑戒。但是這種說法，與其認爲證實古代實有採詩的官吏，毋甯認爲古代人民在暴君治下，太忽視民意了，因有此種種理想的願望，假託古制來表現，實際上並未如此。關於孔子刪詩之說，古來也議論紛紛，各表贊否。但是實際上，恐怕也是儒教盛行之後，對於其鼻祖，尊崇太甚，任何儒教的經典，都希望它能與孔子發生關係，遂揑造作這種臆說。本來關於孔子刪詩的可靠文獻，要以史記中的孔子世家爲最古。但是，（一）無論孔子也好，任何人都好，將古來所傳的詩文，割棄十分之九，世上至少該有逸詩卽詩經未收的古歌存在，然而現在實際上卻並不如此，逸詩很少。（二）假使孔子刪詩，一定有個取捨的標準，而現在的詩經中，仍有淫詩存在，看不出什麼標準，足見並未經過依照一定標準的選擇淘汰。（三）論語中孔子祇說過詩三百，從未說過詩三千，暗示三百是孔子前的成數，並非爲孔子所新創。（四）左傳魯僖公二十七年中，有述及詩書的話，彷彿當時已經有這二部書的存在。（五）左傳魯襄公二十九年，記吳的季札在魯所聽周樂，皆不出今日的詩經範圍，而且篇次也彷彿一致，足見孔子刪詩之詩，甚不可靠。這本來已可成爲今日學界的定說但是堅持舊說抱殘守缺的，也還大有人在。

關於刪詩之說，還有一派人的意見，以爲孔子雖不如上述那樣大規模的取捨，但是某篇的一章，某章的一句，某句的一字，却確曾經過孔子刪改。這派的學說，不過折衷兩極端的意見而已，未必可靠。此外，還有人以爲孔子曾根據音樂刪改，但此說也不流行。

詩經的每篇之首，有所謂序，解述作者及作意。開卷第一篇關雎篇之首，有特別長的序一篇，其中大部分爲總論性質，稱大序。長序的末尾一段，專述關雎一篇，及以後諸篇之首的短序，稱小序。關於序的作者，又有種種傳說，提出來的作者，多至二十餘人。其中小序又分前後，以爲出於兩人的手筆。總而言之，今已不可確考，惟存傳說而已。舊說以爲出於孔子門人子夏之手，又謂出於漢代傳授詩經的毛公之手，當然皆出於假託。大概說來，是漢代傳授詩經的儒家所作，今已不能確定爲誰何，此說比較最爲妥善。其中把人情的自然流露，硬與道德說相牽合。所以欲憑藉序的解釋來窺測作者的本意，簡直不可能。譬如分明是戀歌，却解作歌頌后妃之德的例子，不一而足。宋朝大儒朱熹在註釋詩經作詩集傳時，將各篇首的序根本删去，以便自由解釋，實在頗有見地，今已成學術界的定評。

今日所傳的詩經，是漢代四傳詩家之一毛氏的本子，因此稱毛詩。其餘尚有齊魯韓三家，當時各傳詩經，今已亡失，稱之家詩。全書綜計二百零五篇，此外尚有六篇僅存篇名，並無本文。因此，採其大數稱三百篇，成爲詩經的別名。三百零五篇中又分爲風、雅、頌三大類；風之中又分爲十五國風，其中頭上的二國稱周南召南，不着風字。雅中分大雅小雅，頌又分周頌魯頌商頌。至於這樣分類的方法，究竟依據什麼爲標準，現在也無從確知。大概風以各國的民謠爲主，繞着灣兒，歌出作者的眞意，這就是舊說采詩之官的由來。頌是祭祀之歌，中多贊揚王侯祖先之德。雅最不明白，尤其是大、小雅的標準，無從分辨。一說雅者，正也，乃正大光明的直敍之謂。至於大小之別，或者認爲政治關係，或則認爲音樂關係。大雅所述，多關於王事，小雅多關於臣下之事，因此大小雅之別，有人以爲事件的輕重爲準。風雅頌以外，又有以體裁作法來分別的，稱賦、比、興。賦是敍述，直抒胸臆。比、興都是以比喻出之，其中興先詠一事物，然後及於可與此相比較的事物。比者反是，一說以爲用「如」等字直接比較，另一說以爲眞意不表現在字面，而隱在字面之後稱比。風、雅、頌、賦、比、興之別，古來稱爲六義，在討論詩經時，成爲一個重要的問題。

詩經各篇的製作年代，不能確定，大部分成於周室東遷前後。古來一向認爲周初的作品，今日看來，彷彿亦多後世追慕回憶之作。以地域論，幾乎全部在黃河流域。國風之中，邶、鄘、衛、王、鄭、陳、檜等國，是在今日的河南省，齊、魯屬山東省，魏、唐是在山西省，秦、豳在陝西省，惟有周南、召南自來就有二說：一說認爲是周初的作品，則當在陝西的中部至西部一帶；另一說認爲是東周的作品，則當在河南省的南部與湖北省的北部，地域上接近揚子江流域了。

詩經的形式，大部分爲每句四字，即四言詩，其他例外也有。爲什麽四言詩特多呢？大概因爲中國民族特喜偶數，同時，聽覺上也確有特別快感。每篇的章數，每章的句數，却無一定，同形類似的章句很多重複，這大概由於詩經的本質，原欲合於音樂而歌唱的緣故。修辭法已經很進步了，對句、疊句固然很多，重言（同樣的字重用，）雙聲（二字子音相同，）疊韻（二字的收聲母韻相同）也多有了。押韻的方法，亦很複雜，有每句韻，隔句韻。同一篇中，也有換韻的。以押韻的場所論，句末固然有，句中、句首的例子也有。韻字的分類，較後世少得多，幾乎不能比擬，可分爲十類，乃至十數類，所謂古韻多通用，當卽指此。要而言之，詩經之中，無論用語、句法、韻法，雖都複雜，但並不是賣弄人爲的技巧，而多任其自然，不期而至。

詩經從內容上分類，有上述的風、雅頌三者，大致可以說明。但是仔細研究，雅中亦有類似頌的祭祀之歌，和類似國風的民間歌謠，所以界限並不十分嚴格。例如祭祀宗廟祖先的樂歌，除了周頌中的淸廟等各歌之外，文王大明下武等諸篇，便須求之於大雅之中。稱道周初王公的幾篇，與其認爲當時的作品，毋寧認爲後世慕化其德而歌頌的作品居多。

依照小序，當然也有解釋得通的，並非完全胡說，如大雅中的雲漢，周頌中的思文，訪洛爲祀神禱神之歌；小雅中的鹿鳴伐木魚麗南有嘉魚等爲貴族宴會之歌；小雅中的車攻乃言王侯借狩獵以選士，吉日（小雅）稱道合於古禮，駟鐵（秦）言秦侯狩獵。現在且舉一例，齊風中的還乃言上所好者，下必尤甚也，譏刺上下耽於狩獵，全文如左：

還，刺也。哀公好田獵，從禽獸而無厭，國人化之，遂成風俗，習於田獵，謂之賢，閑於馳逐，謂之好焉。

子之還兮，遭我乎峱之閒兮，並驅從兩肩兮，揖我謂我儇兮。

子之茂兮，遭我乎峱之道兮；並驅從兩牡兮，揖我謂我好兮。

子之昌兮，遭我乎峱之陽兮，並驅從兩狼兮；揖我謂我臧兮。

邀三章，四章句。

前面的卽小序，本文三章，又是同形類似語的反複重述的好例子。

改變一種看法，可以發現稱道周代先祖的有緜（大雅）贊揚古公亶父之功，公劉（大雅）贊揚公劉之德。其中慕文王之德的最多，上揭的文王大明棫樸思齊皇矣等都是，伐柯九罭狼跋（幽）等則贊周公；甘棠（召南）贊召公，烝民韓奕江漢（大雅）贊宣王，鴻雁庭燎（小雅）雲漢崧高（大雅）稱述周王（古說限定周宣王）；汝墳（周南），鵲巢采蘩（召南）等稱道夫人，何彼穠矣（召南）稱王姬，伐木（小雅）稱道友情。從這些詩中可以看出周代中葉的人士，生當亂世，對於傳說中的古昔太平盛世，有不勝企慕之概。

除上述外，都人士（小雅）感嘆亂後的古禮之亡失；黍離（王），匪風（檜）歎周室的衰微；節南山正月四月（小雅），瞻卬召旻（大雅）等刺幽王；巧言靑蠅（小雅）譏幽王之信讒言；黃鳥十月之交（小雅）頗多譏憤周王；采苓（唐）難晉獻公的信讒；蒹葭非難秦襄公之不習周禮；黃鳥（秦）哀秦穆公的強迫人民殉葬；汾沮洳刺節儉過度，於禮有失；伐檀（魏）憤無功之人，偏得富貴；兎爰（王）嘆遭遇亂離之世；葛藟歌人民的流浪生活；雨無正（小雅）以爲餓饉之來，由於王的不德所致；碩鼠（魏）厭君之重歛圖謀移居。這時的人民，還有一種痛苦，便是異族玁狁的入侵，采薇出車（小雅）都是歌詠此事的；雄雉（邶）君子于役（王）鴇羽葛生（唐）祈父北山何草不黃（小雅）等皆因內外的戰役不歇，歌詠人民的疾苦。其中雄雉君子于役葛生等專詠丈夫出征妻子待歸的寂寞之狀；鴇羽祈父北山等歌詠不能養父母；蓼莪亦吐露孝子的眞情，自恨不能報父母之恩。也有詩中以爲生時應極端享樂，藉以解憂的，如山有樞（唐）便是詠死後多金不如生前盡樂；蟋蟀（唐）所詠，亦以爲歲月易過，不如及時行樂爲愈。另一面，亦有戒佚樂過度的，如衡門（陳），便是戒奢侈生活的。但如柏舟（邶）一篇有人作徒事飲酒不能忘憂解，古注以爲賢者因小人之故，不遇於時，新注以爲妻失夫寵之作，各持一說，迄無定見。

　　汎彼柏舟，亦汎其流，耿耿不寐，如有隱憂；微我無酒，以敖以遊。

角弓（小雅）詠親族上下不相親愛；中谷有蓷（王）記遭遇凶年妻子被棄；谷風（邶），我行其野（小雅）詠怨憤夫婿喜新棄舊；讀出其東門（鄭），可知被夫所棄之女之多。桑中（鄘），東門之墠風雨揚之水溱洧（鄭）宛丘東門之枌東門之楊月出澤陂（陳）等並爲淫蕩之詩。

戀愛詩在歌謠中佔甚大的多數，這是古今中外共同的現象。如靜女（邶）一篇，應解作男女等待愛人的到來，喁喁話情，但女的偏猶躊躇不至，不勝企盼之情。

靜女其姝，俟我於城隅；愛而不見，搔首踟躕。

將仲子（鄭），描寫女子心理，一方面耽於戀愛遊戲，他方面猶忌憚父兄之在鄰近。

將仲子兮，無踰我里，無折我樹杞，豈敢愛之，畏我父母；仲可懷也，父母之言，亦可畏也。
將仲子兮，無踰我牆，無折我樹桑，豈敢愛之，畏我諸兄；仲可懷也，諸兄之言，亦可畏也。
將仲子兮，無踰我園，無折我樹檀！豈敢愛之，畏人之多言；仲可懷也，人之多言，亦可畏也。

子衿（鄭）乃詠女子思慕青年，雖想出以積極行動，但猶因女子的怯弱心理，自己躊躇不前，反怨對方的青年過於消極

青青子衿，悠悠我心；縱我不往，子寧不嗣音。
青青子佩，悠悠我思；縱我不往，子甯不來。
挑兮達兮，在城闕兮，一日不見，如三月兮。

像這樣明明白白的戀愛詩而作序的人偏不作是解，自然意在保存經典的神聖，我們可以想像他的一翻苦心。伯兮（衛）詠女子憶念出征中的丈夫，以其爲王前驅，自己稍感快慰，完全是描寫女子榮譽心的。

歌詠結婚生活的，有關雎桃夭漢廣（周南）著（齊）等篇，漢廣詠女子的貞淑，意在反映亂世禮法

的衰頽。標有梅（召南）是述已過婚期的女子不得不低心下氣，委屈事奉男人，麟之趾（周南）與螽斯（周南）都是歌詠子孫昌盛的，也是祝詩。上述的蓼莪是哀悼之詩。

中國古代是個農業國，有歌詠農事的詩，不足爲奇，如七月（豳）甫田大田（小雅）等都是。行葦既醉（大雅）是收穫以後祭祀詩，無羊（小雅）是牧畜詩。

這許多詩中，有詩人的作品，也有無名的大衆作品，很多是極美的佳作。

古代韻文的代表作，與詩經並稱的有楚辭。詩經大部分是黃河流域的作品，楚辭却是長江流域藝術作品的始祖，中間還含有若干北方人模擬的作品。詩經的編定，大概在先秦時代，而今本楚辭却由前漢末的劉向編成，再經後漢王逸之手，略加增改。但楚辭之名，彷彿在劉向之前早有了，漢書中已有朱買臣九江被公善楚辭之說，意思大概是以楚語來記楚國事物的文藝作品。

楚辭的第一個作者是屈原，關於他的名字與傳記，傳說很多，頗難確定。大概曾事於楚的懷王襄王，因蒙讒言，有的說被疏遠，有的說被放謫。晚年過其流浪生活，對國家的前途絕了望，遂投汨羅江自殺。

現行的楚辭，本來包括屈原的作品與漢代的模倣作品，計篇名十五，如左：

離騷一篇　九歌十一篇　天問一篇　九章九篇　遠遊一篇　卜居一篇　九辯九篇

招魂一篇　大招一篇　惜誓一篇　弔屈原（賈誼）　服賦（賈誼）　哀時命（嚴忌）

招隱士（淮南小山）

漢書藝文志稱二十五篇，原來祇計篇數，應指漁父前的二十五篇。有人說九歌的末篇禮魂，是總括前列的八篇，因此不計在二十五篇之內，而將招魂或大招加入充數。也有人以爲九歌的首尾二篇是迎神及送神之曲，皆不在廿五之數內，所以招魂大招兩篇並應列入。但是無論那一說都顯然含有非屈原的作品在內，所以有人從內容及詩的形式來研究，把稍有疑點的章篇削去，剩下來的祇離騷及九章的一部了。也有過甚的人，連屈原這人的是否實在，或出於假託，也一幷懷疑。

就中最可信的，祇離騷一篇。離騷的意義，最普通的解釋爲遭遇憂患。近人有以其與牢騷二字音相近，認爲有發洩不平之氣之意。無論怎樣，總是晚年的屈原遭讒被放，對於前途完全絕望後，因借古來傳說中的人物，與自然界的花卉草木，以比喻生平的遭際，並表示對楚國中興之失望，實是藝術家最爛熟期的作品。

余以爲蘭可恃兮，羌無實而容長；委厥美以從俗兮，苟得列於衆芳。

椒專佞以慢慆兮，榝又欲充夫佩幃；既干進而務實兮，又何芳之能祗。

古來的傳說，以爲蘭或椒的草木之名，是指懷王弟令尹子蘭與大夫子椒的。末尾一節說：

> 亂曰，已矣哉，國無人兮莫我知兮，又何懷乎故都，既莫足與爲美政兮，吾將從彭咸之所居。

表示將委棄現世。亂曰本是音樂上的最後一節，在曲中有總結的功用，遂轉而爲結束全篇的大意。

九歌的原作，本是楚的祀神歌，經過屈原的修改，因此各篇皆有神名，此說本來最通行。但近來的學者，頗有否定此說的，以爲九歌非屈原的作品，以爲純係湖南的宗教歌舞，其中還混有民間的戀歌。惟郭沫若氏却認之爲屈原的作品，而且斷定爲屈原在職時代的得意傑作。

天問依據舊說，是屈原在流浪中看見宗廟內神怪故事的圖畫而起的疑問。以問天的形式，作爲文章。相傳經過後人編訂，無論形式內容，與他篇顯然不同。近人除了郭沫若根據末句，斷定爲屈原在楚襄王時流浪漢北一帶的作品外，其他諸人，一概不承認是屈原的作品。篇中頗多神話傳說，與他書內容全異，因此，很多人認爲流傳於南方一帶的別一系統的傳說。同是不承認爲屈原作品的人，也分成二派，一派以爲成於屈原之前，一派以爲成於屈原之後。

九章彷彿是屈原的作品，但非成於一時，而由後人加以結集一說，殆已成爲定論。橘頌一篇，因其穩和，多認爲早年之作；涉江有「年老而不衰」等句，當時老年的作品；惜往日中有「寧溘死而流之兮」等句，認爲是投水之前的作品，所取比喻多很巧妙，文辭都麗，很可以看出作者的文藻才華。

遠遊卜居漁父三篇，現在都不能認爲是屈原的作品。無論從體裁上講，從思想上講，從語法上講，都與屈原的作品，截然不同。譬如遠遊篇中，竟有秦始皇時的方士韓衆之名，語法頗似模仿司馬相如的大人賦的。卜居漁父中有「屈原既放」等第三者口氣的句子，足見也不是屈原的作品。

往後各篇，不是屈原的作品，是更沒有問題了。

楚辭各篇，製作年代各異，因此把各篇的體裁，相提並論，是很無謂的，不如把各篇體裁不同的地方，及其與詩經的差別來一說。

楚辭與詩經相比，體裁要複雜得多。但大概看來，就中六言居多；六言卽是三言的重疊，因此可以說特徵是三言。三言多由單字與雙字合組而成，六言相重用便成爲一聯，中間多置一「兮」字。這種形式，在離騷及九章的七篇（懷河橘頌除外）中可以看見。遠遊雖形式相同，大概由於模倣之故。因此從詩的形式上看，離騷九章二篇，認爲屈原的作品，最爲妥當。九歌的形式，或則三言相重，或則三言與二言相重，中間置一兮字，因此有人認爲此卽離騷九章的淵源所在。

用「兮」字是楚辭的特徵，但也有用「只」「些」等字代替「兮」字的。這在前例中未曾提起，多用於四言句相重的一聯之末，或則用一聯的下句。橘頌的「兮」字，招魂的「些」字，大招的「只」字，有人卽根據這點，以爲是創作與模仿的關係。

與詩經的四言式相近的是天問，但僅以此一點相同，而遽斷定天問爲古代作品，未免過早。研究文藝作品時，空間的關係也不能不留意。天問說不定就是北方詩經的形式，出現於長江流域一帶，亦未可知。與此相對，詩經中的二南，亦有三言式的詩，或則就是受了長江流域詩的影響。要而言之，詩經與楚辭向來是中國古代南北方文藝作品的代表。同時，四言三言或則也可以認爲是古代南北方詩的形式的代表。卜居漁父，應用雜言，在形式上也可以認爲是後起之作。

楚辭的每篇之末，有總括全篇大意的「亂」一節，有的幾名中，也叫做「少歌」或「倡」。

楚辭的押韻法也自成系統。大多四句一韻，普通每句有韻，或第二第四句有韻。所用的韻也是古韻，分類很粗略。

詩經固然可以看作中國古代的文藝傑作，但在篇幅的大小上，到底趕不上楚辭。詩經是有名無名作家的作品所輯合成的，但楚辭一書，却以愛國詩人的一貫創作爲中心。兩書的不同，固然由於江南河北在文化思想上的差別，但最大的原因，還是由於屈原的藝術天才。楚人本多宗教的熱忱，易於奔放於空想之中，而屈原天性尤豐富想像力尤強，遂將楚國自來所傳的各式各樣的神話，加以組織成爲縱橫無盡，光輝萬丈的千古傑構。其中比喻尤多具巧思，以自然界的善鳥香木比忠貞，惡禽臭草比讒佞，美人比國君，貞女比才人，每篇之中，到處皆有他的熱情，因他的天才得巧妙地表達出來，洋溢全文。篇中除了「些」「兮」等字外，又將「羌」「謇」「爽」等楚地方言，很巧妙地編織在內，尤非絕世天才所莫辦。正如郭沫若所說，他的文學天才之高，眞不可窺測。

楚辭的成就，由於屈原的天才，固然很對。但是像這樣偉大的作品，決不是一人之筆所能突然成就的。上古文獻不足，其詳不得而知，但是楚人信巫鬼，重淫祀的民俗，一定給予楚辭的影響不少。如天問九歌，據說與祭祀鬼神有關。尤其是九歌，大概可以推定是根據楚的巫歌的作品。但是楚地的巫歌怎樣會變成騷賦之體，却仍不能解答。有人以爲騷賦乃保存巫工，即盲目樂人所傳的誦讀之風，並以爲誦賦同義，左傳常提及賦詩，實際上就是朗誦詩經，即爲一證。朗誦四言或三言詩時，生出緩急輕重的誦法，便是騷賦體了。但這種見解，也可以說是要在詩經與楚辭之間，強求關係，實際情形，不一定如此。楚辭是楚的民謠，一種楚國的新詩體，從樂歌轉成徒歌及讀式詩以後，發達成楚辭。這種轉向，可以看爲屈原天才的表現，或則在轉向之際，北方的賦詩習慣已經對此有影響，亦未可知。

詩經一書，後世的儒教徒尊爲聖典之一，一章一句，常成爲智識階級間論斷教訓的準繩，因此文藝的價值，反而沒落，又因儒教之徒故意曲解作者眞意，也多冥滅。詩的形式，四言句，後世仿作者也很少。楚辭的作者，行爲不違反儒者，個性可以在文辭中看出，到了後世，不過看作一位愛國詩人，依然不失文藝作品的本色。加以漢代是楚人的天下，是楚國之後，楚人積怨所致的結果，才興起的，因此楚風大行，再採入河北文學的一編，在文藝史上不但造成了辭賦時代，而且詩形的風格，在文藝史上一直影響到後世。

屈原以後，楚有宋玉唐勒景差等人，受屈原的影響。相傳宋玉是屈原子弟一說，當然是附會，大概是一個仕於楚國的文人。他的作品著錄於漢志，楚辭中的九辯，比較可信，表示出他溫柔的性格。篇中描寫秋景一段，最爲有名。招魂，據說是宋玉祀屈原的作品，但無確證。風賦，高唐賦，神女賦之中，不但有「宋玉」「楚襄王」等第三者口氣的筆法，就是以押韻法來看，也不像是先秦的作品，不過假託他們的名字罷了。到了後世，敍事體漸多，遂有分爲兩類，騷辭抒情，賦敍述事體。又荀子中也有賦篇，但以作品而論，實非楚辭的敵手。

其次且略述散文。

古代可信的作品，有尙書一部，但不能認爲文藝作品。古代敍事文的傑作，要推左傳國語國策三者，但都不是先秦時代編纂成的。例如左傳（以後還要提到）成立是在漢代，但文章却都蹈襲先秦的風格，雖爲史書，而文筆能簡潔明快，傳誦於後世。左傳是以魯侯爲中心的編年體歷史，國語却是春秋列國的國別史書，但現在所存的，都是漢代的作品，大多是根據舊記的。國策是漢劉向編訂的，但原本却是秦代之物，利用人情的幾微之處，發揮縱橫家的雄辯，對偶比喻及逐步深入的議論，十分巧妙，並不亞於左傳。上述三書，並不賣弄技巧，但發揮漢文的特色，雖不能稱爲審美的文藝作，但可以看作中國古人對於文章的好尙與標準。

議論文中，要以孟子與莊子爲代表，論語老子，過於簡短，以文章論，尙不能作爲模楷。孟子因欲對抗楊墨諸派的議論，在文章技術上更臻完密了，已經具備起承轉合等法式，從宋代蘇老泉起，後世的人，頗多以孟子爲議論文的模範。莊子文筆也美，比喻也妙，加上內容的玄奧，讀了以後，令人恍惚神往，不知論旨的何在。韓非子組織最緊嚴，筆鋒也犀利，在政論文中，最爲傑出。

（四）漢魏六朝的學界

秦始皇以武力來統一了天下，這件事原不在一般人的意料之外。就在儒家自孟子以來，也深知將來必有對周室起而革命的，因此想與政治當局相勾結，以便己派勢力的擴大。所以對於革命一事，不但在歷史上認爲正當，就是對一般的政治事件看，也並不認爲不該。所以當秦室統一的時候，儒家也必有與秦室相勾結之意。其實追源溯流，孔子本身，亦何嘗不如此，當初欲實現自己的政治理想時，雖受人誤解，感覺不滿，但他自己仍不肯放棄與既成政權相結附的計劃。汲其流的後輩儒者，存同樣心理，是很自然的，但以自己爲本位的秦始皇，認爲法家思想於己有利，便不顧儒者，專用法家來施行專制政治。這時，在儒者的心目中，未始沒有將自己的理想移諸實行的野心，徒以猜不透秦始皇的心理，遂爲宗奉法家的實際家李斯等着了先鞭。但是儒者正犯智識階級的通病，自己雖沒有實行的能力，而對他人的言行，却動輒批評。秦始皇一定感覺到厭煩，就是李斯之流，要維持自己在專制政治中的地位，也一定認他們爲搗亂者。因此，借了紊亂主權的罪名，建議始皇禁止民間藏書，這就是有名的焚書政策，想藉此撲滅智識階級議論的根據。據史記所載，政府宮中的藏書，以及實用的醫藥卜筮農業之書，不在焚燒之列。依理推測，當時紙張猶未發明，刻記在竹木的書籍不會太多，同時秦的政令，推行也未必太遠，事實上焚書之舉，對於文獻的流傳，未必有致命的打擊。倒是亡秦之際，大燒咸陽宮時，文獻多所燒亡了。焚書的次年，又實行有名的坑儒政策，向來多認爲是活埋儒者，但最近的看法，認爲遭難者以方士居多。因爲根據史記的前後文對照，似乎方士之流，借名搜求不死之藥，騙了始皇一大筆財帛，結果不死之藥却無法找到，反編造出許多秦皇失德的故事來，以掩飾找藥失敗的理由，企圖卸罪出亡，秦皇爲了發洩私憤便大殺方士。原來儒字的解釋，本有方士的意義在內，所以坑儒二字，不一定解釋爲坑死儒者。將焚書坑儒一事，加以擴大宣傳，恐怕正是漢以後儒者的一種手段，誇張暴秦對己派的迫害，可以求到識者的同情。中國的古代史，向來因爲儒者包辦智識的結果，很多地方，故意修改成於己有利。所以如果單單依據現有的文獻來下判斷是很危險的，不能不稍加穩健的批判解釋，但這樣又容易傾於主觀。因此實在是件很難的難事。

秦朝的政策，在消滅於實行專制政治有害的民間智識，所以秦朝一代之中，並沒有像樣的學術思想起來。

漢初的學界，也是黑暗時代。自從漢高祖起，一直到所有的功臣，誰都沒有學問的素養，是個事實。因此，對於禮法儀式，都不知道，君臣之別也不明白，對於學者，偏又瞧不起，報之以冷淡。到了惠帝四年（紀元前一九一年）才廢止秦代民間藏書的禁令。因此，漸有人以書籍獻於政府，在山東保有一線命脈的儒者，因此，也得到了復興的機會，但是天子本身也不曾留心學藝。到了次代的文帝，才對法家道家之學發生興趣，這時的皇后，後卽爲景帝的母親竇太后，雅好老莊，因此，景帝也頗受影響。當時仕於景帝的鼂錯主張削諸王之地，惹起吳楚七國之亂，從他的行事可知是攻究申商刑名之學的政治家。司馬遷的父親司馬談，批評當時的學者，分爲陰陽、儒、墨、名、法、道六派，自己也傾向道家。道家這時不稱老莊，而稱黃老。這時的道家，不但製造出一個老子來，作爲孔子之師，並且爲了對抗儒家所崇拜的堯舜起見，更將傳說中更古的黃帝，拉來合夥。陰陽家陳說災異，侵入了儒道二家的思想。秦代得勢過的神仙思想，這時也出現了。以上各派之所以能佔儒家的上風，完全是對秦代苛政的反動。漢初的民衆恨極了秦代的煩瑣法律之束縛，厭倦戰亂的苦惱，所以道家的自然無爲以及長生之道，最受一般人歡迎。在史傳之中，稱秦初的天子喜歡儒術，並非事實，也是出於後代儒學昌盛以後的揑造。

武帝卽位時，儒家才漸漸抬頭。這時人民思想已受了陰陽家的影響，對於天象人事的關係，深加考究。武帝卽位後，招募天下賢良方正之士，親自試驗，得到了董仲舒，意欲根據他的獻策，樹立國家永久之計，企圖統一國民的思想。這時儒家的學說機會最好，立儒教爲國教，禁止其他的學派，更從公孫弘的建議，設置五經博士。以後儒教便成爲士子出身立世的不二法門，不但獨佔了漢代的智識階級，並且一直到清末，在官界仍維持獨步。

董仲舒是春秋公羊學者，因此根據春秋一統的思想，認爲孔子之道以外的教道，都有害於統一，同時，講述天人的關係。其實天人之道，不一定是儒家的學說，而起源於陰陽家，以爲萬物的生長繁殖，由於陰陽二氣的作用，調和陰陽二氣，便可以免除天氣，民得樂生，這便是天子的任務。這種學說，似乎在董仲舒以前，早已侵入了儒家的思想中。而他更將學說的基礎，放在大字上。以爲政治道德，非本於天不可。萬物本天而生，其中人類爲最貴，最近於天，因此天子之德，可以與天相伴。於是天人合一之說，由此而起。力說天子承天命而爲君，代行天意，因此天子有尊崇天，郊祀天的權利與義務。天如對天子的政治，表示滿意，便多賜祥瑞，如感不滿時，便降下大小的天災地變，以警告天子。假如天子再充耳不聞，革命便會起來，有德者將取而代之。他又主張政治之道與道德之道是合一的，以爲仁義禮樂便是政治之與。五倫之中，特重君臣父子夫婦的關係，稱爲三綱。又以爲日常的倫理道德，亦須法天，特重仁義禮智信五常之道。在論人性時，以爲善惡並存，正如天地的陰陽一般，所以主張學校教育，重修養教育。同時又有公孫弘，亦以春秋之學爲基礎，學問雖不及董仲舒，但是處世之道，却高董一着，所以官位亦出董之上。

我們已經在前面講過，儒家自來就想和主權者結附，以實現己派的理想。在這中間，個人的名利思想，亦未必無動於中。但是古代的一般君王，要建立主權，無一不依賴武力，推翻前代的王朝，取而自代。這種地方儒家用什麼方法來調和辯解，自圓其說。據一般看法，革命說，禪讓放伐說的作用，便在這裏。高張倫理道德之幟的儒家，在這裏透露了人性。孔子為了絕對擁護周室，除了世襲以外，便以禪讓為理想，同時，消極方面亦不非難放伐。而且為了殷末周初的放伐故事，特在夏末殷初之際，尋求先例。孟子鑑於時勢的推移，更從正面承認革命之說。漢以後的儒者，欲與漢主相結附，惟一辦法，亦祇有擁護漢室的既成勢力。漢高祖的天下，是用武力奪取的，因此援引湯武的先例，一開頭就把秦室認為暴虐者。又為了更進一步為漢祖用武的辯護，乃倡導禪讓手段，不能在複雜的社會中實行。至於究明天人之際，以為天子根據道德主義，代行天意時，臣下如違背天子，顯然非道。無形之中，又為防阻對漢室將來的革命運動張本，所以儒家的主張，是很識時務的。

那末，儒者的德治主義，對於治者與被治者中，究竟那一方面有利？漢武帝希望確立君權，又何以尊重儒教為國教呢？

擁護專制政治的學說，初看上去最有利的是法家的法治主義。但是法律萬能，排斥人情，實行法律時，結果，官僚們必以嚴刑爲楯，彈壓民意，要求人民盲目遵從，發生官民離間的現象。加以官吏的猜忌心與民衆陰謀的計劃，必因此而助長，結果不能不依靠密探等恐怖政策來維護政權。而且官僚本身也是人，也有人性，也難免過失，這時，如也處處認眞嚴辦，不過造成了五日京兆的現象，徒然增加人民怨嗟之聲，反於政權危險。本來法令是死的，將其作成有意義的解釋，不致違反人情，原在於當事者的運用之妙，但是法學者却不承認這點通融，結果徒然滋亂。

秦始皇政治的失敗，就在這裏。賢明的漢武帝，殷鑑不遠，自然不肯再蹈這個覆轍。反之，儒家思想，也是擁護既成勢力的，再加上儒者本身的名利之欲，很可利用來樹立國家萬世之策的。而且對外可以標榜仁義的德治主義，多麼好聽。其實儒家的所謂德治主義，是建築在確立主權上面的。仁義之義，於君臣關係的存續上很有利益。君臣關係，規定在三綱五倫之教中。他們所說的禮，原是維持現有的階級秩序的，用德治這付假面具，要求人民絕對的服從。武帝之所以採用儒家思想，原因就在這裏。法家唱無爲之說，對於一個積極的主權者，不會加以青睞的。

與漢室結附的儒者，董仲舒不是第一人，在高祖即位時，叔孫通已經迎合高祖之意，制定禮儀，分辨君臣之別了。前漢末年，有劉歆揚雄二人，叛棄漢室，附和王莽，甚爲後世所不齒。後漢的儒者，便多不上政治舞臺，專事埋頭於經典的註釋。因爲藏書禁令解除後，漢代經書的版本，便有種種問題，最普通的分爲二大派根據舊說，卽爲今古文之別，用漢代所通行的文字的是今文，用漢代以前文字所寫定的，便是古文。這二大派各有擁護的學者，長期爭辯，成爲經學史上最重大的問題。

依照傳統的說法，漢初先出現的是今文。到景帝末，武帝初之際，景帝之子魯共王爲了擴大自己的宮殿，拆毀孔子的舊宅，在壁中發現漢代不通用的古體文字所記的尙書論語孝經禮記春秋等本子，便送到孔子的子孫輩中當代的學者孔安國處，叫他翻譯，這便是古文經書的起源。同時，景帝的另一子河間獻王雅好學問，因聚集學者，蒐集古書，也獲得了古文所記的周禮孟子尙書等古文的本子。然而史記的兩王傳中（五宗世家）並不曾提及此事。就在同一傳說中，對於孔壁中書籍發現的年代與種類，亦各異其說，絕不一致。而與河間獻王所得的同一經典的異同，亦未提及。同時，對於發現的故事，頗含有神祕的氣氛，亦使史實的價值低減不少。因此，近來疑古派的學者，以爲關於古文發現的話，是出於古文派的揑造，爲了增加己派的權威起見，才附會於喜歡學者的河間獻王，與好治宮室的共王，更進一步，索性把孔子的住宅，孔子的子孫，也牽合在內，無非要使人相信。再說古文的出世，反晚於今文，亦未免可異。且以本子而論，古文今文，並不見有何大異，值不得演進爲對抗的二大派，退一步講，當時縱然眞有古文的本子，大概也用新的文字來寫過了。所以後世的今古文之爭，已經不是爭字體上的差別，而是對於孔子在經學中的地位，及對緯書的態度等根本問題發生異見。又在同一書中二派所認定的篇數字數，以及解釋等等，亦各不同。而且在經書中古文派看重周禮，今文派則重公羊春秋。

漢代政府所公認的學派是今文派。古文派的抬頭，一直要到平帝時代。待後來王莽興起，主張古文的劉歆被重用後，古文派才立爲學官。王莽主權確立的理論基礎是在周禮中。但是不久後漢的光武帝復興，主張左傳的古文派又在朝廷中失敗了，於是古文的學官又被削除。但是古文派在民間的研究却始終不絕。我們可以從來的學說與今日信古派學者的說素來證明。

儒教的經典之中，有的成立於孔子之前，也有作於孔子之後。而今日的形態，必成於漢代，是毫無疑問的。主張六經皆由孔子删定一說的，在古代有司馬遷，近來有淸朝的康有爲皮錫瑞等。但是今日的學者，除了極少數的老儒以外，誰都不承認了。以下將漢代傳經的舊說，及近代學者對於各經成立的意見，分別加以介紹。

易是周代的卜占之言，不知是誰編纂而成，專言陰陽禍福，本來似乎與儒教沒有關係。十翼據舊說是孔子所作，其實是孔子以後的人，要將本書附會成儒教的經典，才製作的，多數成於漢儒之手。據傳易因是卜筮等書，得免於秦火之難。漢代先後有施讎孟喜梁丘賀京房等四家的易，立於學官。民間也有費直高相的易，京氏之易與他家略有差別。到後漢之末，費氏的易流傳最廣。到了六朝亂離之際，這六家都成了絕學。其實一直到漢代，易猶被認爲占筮之書，魏晉以後，才認爲義理之書。至於以太極爲基礎的易，是宗奉老子的王弼等，將道家的道字攙入後才盛行的。

書經一書，自來議論最多，現在的人所虛心接受的，認爲是周代的作品，也有一部分是後世增入的。其中有成於孔子之前的作品，但不完全，卽是其中所述的當世之作。根據舊說，書是秦火的目標，所以散亡特多。伏生所傳二十八篇（有異說）其後又發現泰誓一篇，共二十九篇。其他猶有孔壁所出的古文尚書在廿九篇以外，多了十六篇。其後成帝時，又有張霸僞造的百二篇古文尚書之說。但是到了後世，對於古文尚書孔安國傳發生了懷疑，議論紛紜。殆淸代的閻若璩出，考定孔壁的古文尚書早已失傳，如今流行的，是東晉梅賾的僞作。卽在二十九篇之中，亦有改竄。閻的學說，現已成爲定說。直到最近，更以爲孔壁古文一段故事，根本是子虛烏有，全不可信。已略如上述。

詩在前面已經提到過。詩中的各篇，製作年代並不一樣，早的成於周初，多數是東遷前後的作品。今日的形式，有人認爲成於孔子之前。按照舊說，詩因向來是諷誦的緣故，受秦火的影響最少。漢起以後，有齊

（齊的轅固）魯（魯的申培）韓（韓的韓嬰）三家之詩。其後有與此對抗的古文派詩，據說是經過子夏毛亨毛萇而傳至河間獻王的，就是毛詩。以後三家詩都失了傳，現在祗存古文派的毛詩。據說原有三百十一篇因為戰國秦火失去了六篇，現存三百零五篇。至於今本的大序小序，根本祗是假託子夏毛公的名字，原來是後人的作品。而近來的學者，對於毛詩懷疑的人很多，以為詩序是漢代的作品。更進一步，認為失去的六篇，在三家中本來沒有，祗有三百零五篇，過分的人，甚至根本否認關於二毛公的在歷史上的實在性。

關於禮的傳說，向來亦多異見。今日所傳的禮經，有周禮儀禮禮記大戴禮之別，依據舊說，禮本是周公旦所制定的。到了孔子之時，將已經失傳的禮重加興起。但到漢代又失傳了，高堂生於是傳儀禮十七篇，其後又有稱為周公作品的古文周禮出現。漢宣帝時，有名戴德的，在古禮記事之中選出八十五篇，其從兄子戴聖又從這八十五篇中，選出四十九篇，即是今日的禮記。殘餘的三十六篇，稱大戴禮。也有戴聖選出的是四十六篇，因此殘餘的大戴禮是三十九篇。假使信從前說，則禮記中應增加三篇，而大戴禮中則須抽去三篇。反之，如果大戴禮增加三篇，則禮記中須抽去三篇。今日的人，再沒有相信儀禮是周公的作品了，同時相信孔子所作的人也沒有了。孔子對於禮制，縱有點竄，但現在的禮却編纂於戰國之時，在漢書藝文志中，猶不見關於禮的書名，足見是兩漢時所加的名稱了。雖然今日仍有一部分舊儒，以爲周禮是周公之作，相信它是周代盛世的實際制度。但事實不能實施，祇是儒家的理想，絕無疑義。也有人以爲前漢末年，劉歆爲了獻媚王莽，制作法制時，才僞作周禮，假託周公的。又有人以爲是周末的作品，由漢代古文家編纂成的。無論怎樣，總是經過劉歆之手的。禮記中加入三篇，也有人以爲是後漢馬融所作。近幾年來對於二戴曾編纂過禮經一事，都發生過懷疑。要之，漢代所傳，祇是有關禮制的駁雜記載。現在流傳的禮經，是由漢代的儒者編集而成的。所以全書之中，各篇的製作年代，當然不同，就是同一篇中，亦有年代不同的東西羼雜其中。純粹儒者以外的作品，似乎也混在中間，譬如禮運，就是代表老莊思想的。漢志之中，雖有二戴之名，但不是今本禮記。所以今本禮記，至少可以說不是成於二戴之手，而是後儒者的作品。

所謂春秋三傳之中，公羊穀梁是論究體裁的，近於註釋一類，左傳是補充史實的。依照自來的傳說，公羊傳是孔子的弟子子夏的弟子公羊高氏所說，記錄下來的。穀梁傳是穀梁赤所說。左傳是孔子弟子左邱明的作品。漢興以後，公羊傳最先出世，其次穀梁，左傳最爲晚出。此外還有鄒夾二氏的春秋，但據說鄒氏無師，夾氏無書。關於春秋，議論也很多，最明顯的便是左傳的寫作時代，究竟是在先秦，還是在漢代極端派的人，甚至認爲出於劉歆的僞作。諸家的論辯之點甚多，有的甚至引用語言學天文學作證，因爲其說太炊，這裏未能一一介紹。最有力的說法，認爲是漢代的古文學者，依據古書的記載所作，再經後人之手，加以點竄。三傳的著者，亦很多疑點，有人以爲穀梁傳是武帝之後的作品。

論語本來有齊魯二家，齊論中多問玉知道二篇，各篇之中章句也比較多。又有古文論語，不過是把魯論中的末篇一分爲二而已。從地域觀點來看，多以爲魯論最近原本。後漢末年諸儒校勘各種傳本，以製定定本，原本反因之失亡。尤其是張禹鄭玄的定本出來以後，據說他們的本子，是根據魯論的，但流傳至今數千年間，恐怕也有過不少增删了。

孝經跟論語一樣，也是漢唐智識階級的入門書。舊說認爲是孔子門人曾參爲解釋孝道而作，當然出於僞託。也有人以爲是漢人的編述。今日所傳的孔安國的傳（即注之一種）鄭玄的注，恐怕都是六朝人的僞撰，二家本來都沒有注。

孟子成於孟子的流派之手，在漢代還沒有列入經書的資格，到後漢之末，才有趙岐的注解出來。爾雅當然不是周公之作，大概是秦漢的作品，恐怕亦非一時之作，經過好幾人之手的，後來才有晉郭璞的註釋出現。以上是後世認爲儒家經典的一個大概。大部成於後漢賈逵馬融的時代，而由鄭玄集其大成的。此外，儒家以外的所謂先秦之書，也有不少是漢魏人的僞作。

前後儒學的特徵，是專修一經，尊重師說，至少在漢初時的情形是如此的。私人藏書的禁令，已經施行得有相當年代了，以竹木之簡編綴而成書籍，長時委棄不用，賴以結集的麻繩韋編未免腐朽了，次序也未免顛亂了，所以漢初的學者，第一步工作，是整理這些碎亂的簡册，和註釋章句。因此，當時理解的人一定很少，學徒從這少數人中所得的傳授，自然尊貴重視。文帝之時，鼂錯從遺老伏生學習尚書便是一例。當這些本子整理時，因自己所用的材料的種類，與各學者的思想頭腦不同，結果整理成的本子，也發生了歧異，解釋亦各存一見，是很自然的，因此不同的學派，應運而生。詩經之中，就有齊魯韓三家詩，與後起的毛詩，四派並存，便是最好的例子。武帝以後，儒教成爲學者的立生出世之具，因爲各欲表現自己的長處，益發標新立異，學派的分裂更盛，奇妙的註釋也愈出愈多，甚至有僞造經典的，其中一種異說的材料，便是易的陰陽論，與書的洪範相結合，蔚爲迷信之源，在民間極佔勢力。

學派之爭發展到點極，便是對儒教中同樣經典的同樣字句，發生不同的解釋。希望榮達的儒教之徒，各奉己派的本子解釋爲正宗，排斥他派，致力於一經，堅持所謂門戶之見，意見頗偏狹。從漢室看來，如此下去，徒然援用儒教，不能收到統一思想的功效，因欲除去小派分立之弊，非通觀各經，建立起國家所承認的儒教大義不可，於是招集各經的專門學者，合於一堂，企圖校訂版本，統一解釋。這便是所謂講論，學者之間，如有議論未能一致的時候，便將諸說並奏天子，以待親裁。因此，漢宣帝甘露三年（紀元前五一年）在宮中的石渠閣召開國家所承認的五經專家會議，這就是後世所謂石渠講論。這種舉動，在理論上果然很好，但實行時却不可能，不能達到目的。先以參加講論爭奪戰的委員人選而論，當時未經國家所承認的古文派，便未能與選，再說古文派的各派，假如因了講論而將經書的解釋眞個統一以後，便失去了己派的獨特立場，無異威脅己派的生存，當然心中不快。所以希望依據講論來統一學派，只是理想罷了，未能實現，結果勢力之爭，反因此更激烈了。

到了後漢，學派的對立，有加無已。爲了增高己派的權威，甚至有使用賄賂，以修改宮中祕本的。因此，章帝時，又集學者於宮中的白虎觀講論這事發生在建初四年（西元七九年）相傳班固所著的白虎通德論（簡稱白虎通）便是記錄這種講論的結果，事實上也祗是一種理論，未能貫徹目的。

版本的碎亂，原不限於儒教的經典，其他書籍，亂後也不免混亂。所以成帝好學，因見宮中藏書多散佚不全，乃遣謁者之官陳農到各地去蒐集遺書。册籍增加後，覺得有整理的必要了，於是在河平三年（前二六年）派光祿大夫劉向把宮中藏書，加以根本的校對整理，記其異同。又派步兵校尉任宏太史令尹咸太醫監李柱國三人，輔助劉向分別校勘兵書，數術，方技。劉向於每書校畢以後，將著者，篇數內容作成解題，上奏天子。這是所謂劉向的敍錄，現在略存一二篇。其後，校勘約略告一段落時，綜合許多敍錄，編成別錄二十卷，現在也已散亡，僅見於旁人轉引之中。別錄是中國書籍中最古的書集解題。但劉向的校讐事業未竣而死，漢哀帝時使其子劉歆繼乃父之志，繼續校書，作成書目七略七卷。這書也早已失傳，後漢班固的漢書中藝文志一篇，大致依七略分類，由此可以窺見劉歆的成績。但是劉向重穀梁，是今文學者，劉歆却是古文學者，父子兩人在學派上是處於對立地位的。又所謂校讐，目的與講論相同，範圍較廣，在經書中，目的未能達到，但在其他的書籍中，略有成績可觀。所謂校讐之別，校是一人對校，讐是一人讀一人改正。二法各有短長，所以二法兼施。

劉向字子政，楚元王交的四世孫，自參與石渠講論後，才漸露頭角，入宮校讎祕書。他把爲校對而蒐集的材料，加以整理，或則把原本根本改編，或則編纂新書。現在的楚辭、國策等書，據說都是經過劉向改編的；或則參照當世的環境，作成說苑、新序、列女傳等勸世的故事書。此外，受了時代的影響，作洪範五行傳，記述災異祥瑞等事。他在中國古代，是一個大著作家。

劉歆字子駿，爲向的末子，見了左傳，大喜，主張把古文立於學官，爲當道所黜。王莽卽位時，與之相勾結，遂被重用，因此，古文得立於學官。

前漢之末的儒者有揚雄，字子雲，好學善賦。模擬易經，作成太玄。又仿論語，作成法言。他以爲人性之中，善惡並存，放縱情欲，便是惡性佔勢，加重修養，便善性增長了。所以頗重學問修養，以爲多積學養，可以爲聖人。他又重五倫五常，特別強調君臣父子之道。後人目揚雄爲孟荀之繼。太玄所說近易，而比易更複雜，易中所說爲陰陽二元論，而太玄卻從始中終三元說起。儒教不論本體，而揚雄則大論本體，名之爲玄，以淸淨寂寞，爲處世之法。在這點上，揚雄表面上說儒教，以孔子爲聖人，而實則頗以漢代潛勢甚大的老莊之教參雜其間。但對神仙思想卻表示反對，以死生爲天命，譏笑希望不老不死的人甚爲愚蠢。

漢初專通一經的學風，跟着學問的進步，漸漸崩潰。遂爲兼學各經，廣採師說，作比較的研究了。此風到了後漢更甚，尤其是古文學者，因其不爲公家所承認，所以研究比較自由，努力。後漢崇尙古文的學者，尤其是民間的學者，多致力於訓詁之學，兼通今古文，頗有大儒出現。又因時代的推移，國勢漸衰，學者除研究註釋外，比較的不馳騖於名利了，因此研究也比較有成績。這羣儒者之中，初期的有始學今文公羊，嗣學古文左傳，後學周禮的鄭衆。中期的有兼通今古文詩書周禮左傳穀梁諸書的賈逵，接着有鄭玄（康成）服虔（子愼）等兼通今文的古文大家，著書甚多。此外又有作說文解字的許愼（叔重）專事解釋文字，過去的漢字之學，所謂小學也者，事實上都不過敷衍許愼之說而已。精通今文公羊，爲之作註的何休，大約與服虔鄭玄同時。後漢的大儒鄭玄實爲有漢一代最傑出的訓詁學者，爲後世所仰慕，他本是北海高密人，初從諸儒兼學今古文，遂師事馬融，極其蘊奧，歸家以後斷絕仕宦之念，專事研究著述以度日。惟於晚年時，曾一度出仕袁紹。他所注過的書有易書詩三禮論語等書。又通緯書，亦加註釋。他自己的著作流傳於後世的有六藝論鄭志駁五經異議等書。他註釋的態度，不拘泥於一家一經，採諸家之長，集漢代儒學的大成。後世學者，多有墨守他一說的。偶然有異見的人，却以他爲目標，對於任何一點，都濫施攻擊，也未能算有卓見。

連鄭玄那樣大儒在學說上多受影響的緯書，其本質究竟是什麽？實則緯書的緯字，是與經書的經字相對的，專門說明儒學中經書裏面所蘊藏的神祕。經書說人，緯書說天，緯書是補足經書之闕的，漢代認爲六經皆緯，果然，我們今日看緯書，便可從知古代文對於天的意見。鄭玄的六天說，就是根據緯書所說的。

但是漢代的緯學，却與讖書之說相結合，所謂讖緯之說，便認爲一種迷信。讖書是一種未來記，其思想發達於戰國時代，與陰陽五行之說，同一系統。所謂五行相勝說（按照土木金水火的順序，以爲後者較前者更有力）五行相生說（按木火土金水的次序，前者生後者）以五行之說來解釋革命現象。秦漢的天子，相信此說，像始皇武帝，便曾被此說與神仙思想相結合的方士之說所惑。秦漢之際，這種迷信，成爲解釋天象人事間神祕的理論，頗佔勢力。一看呂氏春秋漢的淮南子等雜家諸書，便可知道。不但民間崇尙迷信，就，在學術思想方面也很多影響，潛入儒道二家的思想中，就是醫書之中，亦因談不老長生之術的一點因緣而侵入兵法中亦有混進去的。內容現已不得而知，但依漢志著錄的各種書名看來，應歸入這一類的數目頗不少。到了漢末政界滿布暗雲，社會頗呈不安，儒教成了治者階級的一般思想，專重形式，流毒民間，在修己治人的二目的中，根本把修己一端忘去，競事奔逐治人，所以失去了民間思想的指導力，於是與讖緯神仙之說相融合的老莊思想，遂取而代之，支配了民衆的精神。道教出現的機運，就在這樣環境之中。

當初爲王莽光武帝明帝章帝等主權者所信的讖書之說，到了後世，漸爲支配者所厭棄，尤其是追逐物欲的君主，以講述天人之際爲於己不利，如隋的煬帝，大爲嫌惡，乃下令燒却。遭受這樣的重重迫害以後，漸趨迷信化的緯書，雖然增多，而緯書之學却絕傳了。到了清朝，才輯集唐五經正義及他書所引的緯書佚文出版。緯書的研究，在今日的中國，反成了一片處女地，待後來的學者去開發。

後漢的智識階級，一方面儒學流於形式化，他方面在庶民階級中，迷信的潛勢力甚大，遺毒社會。這時有一羣學者，便著書攻擊世相人情，王充的論衡，王符的潛夫論，荀悅的申鑒，仲長統的昌言等都是。論衡態度最明著，論旨文辭亦卓絕。

論衡的作者王充，少時早孤而貧，乃苦學力行，博覽強記。曾做地方小吏，因上司不容諫言，退而從事論等，厭惡世俗的阿附權勢，作譏俗節義文十二篇。又因形式主義，蔓延於社會，虛僞瀰漫於文辭，民間流行迷信，王充不勝憤慨，作成論衡。他的思想，似乎脫胎於周易與老子，而不受古思想的拘束，對當時所信的天人關係，及鬼神存在等迷信，竭力排斥，以爲人的幸遇，發源於運命，非人力所能改變，對古來各學者的性論，先加以史的敍述，然後再下評論，以爲人性不善也不惡，因此後天的修養，可以左右人性的善惡。又對學問師承，亦很重視。

後漢的中葉以後，學者輩出，多希望校訂版本，所以各經的版本也很多。靈帝熹平四年（西元一七五）把經書的本文，刻成石碑，立於各大學的門前，成爲欽定的版本，也就是石經的起源。石經在漢末之亂時，已經損壞了，其後又遭變亂，更殘缺不全，但還能勉強辨認，所用的字體爲今文，包含易書魯詩儀禮春秋五經，及公羊論語二傳。到了魏的正始年間，因同樣的目的，作成三字石經，將同一文字，刻成古文，篆，隸三種，古文得賴以認識。三字石經所傳，亦非全文，祇是殘石罷了，而近代大學者王國維，更認爲在飜刻之時，即半途而廢，從未完成過。

有生於漢末，仕於魏晉的王肅（子雍）僞作孔子家語，再根據孔子家語，著聖證論十二卷。在學術上，到處與鄭玄立異。主要的意見，可分下列幾點：第一，鄭受漢代五行說的影響，倡六天之說，以五帝各配五帝座星，再加上北辰的王天上帝，湊成六天之數，說頗怪誕。而王肅則主張一天之說。又鄭以爲郊，禘之別，是郊乃祭祀感生帝於南郊，而禘則祀昊天於圜丘。王肅以爲不然，主張圜丘卽郊，乃祀天子圜丘，禘則爲五年一度的宗廟祭祀。第二是廟數問題，鄭以天子宗廟有七爲周制，殷制六廟，夏制五廟，而王則以爲三代皆七廟。第三儒家所嘵嘵不休的三年之喪，鄭玄以爲該二十五月，王肅則主二十七月。此外，如關於結婚之月，關於成王卽位的年齡，無不一一立異。要而言之，鄭說之中，多有根據緯書之論，而集儒學之大成的王則反對這點，根本不相信原來的緯書，所以偏倡異議。

魏晉之際，諸經註釋之書，繼續有得出現，王弼（輔嗣）的易，杜預（元凱）的左傳，范寧（武子）的穀梁，何宴（平叔）的論語等，是最有名的。此外還有失傳的著作，如虞翻的易等，亦復不少。餘如孫炎，董遇，傅玄，韋昭等學者，一時稱盛。但是因爲後漢末葉，攻擊宦官的暴戾，正論頗受迫害，正義之士，大多隱遁，在現實的社會中停止活動。再加以魏王宗室壓迫評論的結果，道德論爲之一變，差不多成爲難期現實，人物評論方面也受其影響。六朝時候，門伐偏重才能之士，沒有被拯用的希望，因之學者都趨尙空論。漢末所發生的所謂淸談，一時成爲風氣，學者都鑽研周易，哲學的理論，與老莊的純理，結果老莊之學侵入到儒家的思想中，遺種傾向，便出現在易的解釋之中，王弼、注易，把本來用作占卜的易，變成義理的易。何晏注釋論語，稱論語集解，把今古諸家之說，採長去短，參以己說，所採的著作態度，爲從來學者所未有，其中多雜用老莊之說，前人早已指出過了。杜預的左傳註，稱春秋經傳集解，將左傳分編在經文的各年之後，而加以註釋，左傳以後得盛行於世，杜氏與有功焉。古文已這樣流行，所以梅賾的僞孔傳一出來，就被人無條件的採用，實不足爲奇。古文的如何被尊，於此可知了。

南北朝的經學，情形更不佳了。思想界除了老莊以外，佛教也漸漸風行。戰亂相尋的環境，使儒學漸失去作用，儒者也沒有生氣了。大家都祇能墨守舊說，無法創造新見。南人夸誕，都傾向老莊，北人細瑣，祇知敷衍漢儒之說，無甚新義。這時，爲使漢魏學者的註解易於瞭解起見，創作一種說明書，那就是所謂義疏，諸經的義疏，一時盛行，但到了唐代，有勅撰的五經正義出現，這許多義疏書便失去了存續的價值。結果，除了尚有梁皇侃的義疏等二三本留傳人間，及敦煌石室中略存殘片外，其中祇能在五經正義中所引用的，略窺其面目罷了。

現在且看看儒教在實際政治上的勢力。六朝戰亂不已，興亡無時，思想的統一，與政治的統一，幾乎已絕了望。因此，偶然也有主權者採用儒學，但多不能持久。儒教的學者也再沒有偉人出現，致力於政治經論。魏的政治傾向法家，壓迫言論。晉雖傾向儒教，祇以內亂外寇，侵凌宗室，儒教主義無法推行。因此，儒教爲迎合社會的希望，削滅豪貴的實權，主唱聖主之道，當順應時代，確立主權。目的顯然在打破現狀，但終無法貫澈。像南朝的宋元帝，曾設國學，置博士，立王弼的易，杜氏春秋，服氏左傳於學官。重古文近儒之說，書詩禮論語孝經諸書，都與鄭氏註相對立。梁武之初來學的鄉士，雖然很多，但因戰亂相尋，終乏活氣，不能持久。河北的經學，受五胡跋扈的影響，不能發展。其中異民族在統御的必要上，須利用漢族的文化，想利用儒學施教化，以便於君長的專制。如劉曜石勒苻堅姚興等，或則修建太學，或則設置博士，或則禮遇儒士，如北魏的孝文帝則更進一步，君主本身，簡直就是儒者。對於這些夷狄的侵略者，嚴分君臣之別，確立國權的儒家思想，頗爲有利。因此，北朝的君主，得略收抑制思想之效。這於南朝漸發達的佛教思想，在王法君權之外，别樹一幟，情形根本不同了，這原是南北朝君權實力的不同，有以使然。

漢魏之際，儒家以外的學問思想，成績很少。在漢武帝稍前的劉安，集合幕僚，作成一書，名淮南子，因劉安爲高祖之孫，封爲淮南王，故得此名。安文雅豪放，同時也有政治野心，與乃祖相似。其思想傾向道家，主性善說。書中網羅中國古代的思想，上至周秦諸子，下殆秦漢的思想，無不應有盡有，幾乎可稱之爲百科全書。連自然科學方面的記錄，也約略可見。

紙張據說在漢和帝時，已由蔡倫發明了。或則蔡所發明，祇是紙的一種，在他以前，類似的東西，早已發明，亦未可知。相傳筆是秦蒙恬所作，事實未必盡然。墨或則早從煤中得到啓示，發明更先，亦未可知。因此，書籍的體裁到了漢代，爲之一變，成爲絹與紙的卷軸。至於舊式的竹木作成細長的札子，上寫墨書之風，依然殘存。儒學中注疏的流風，促使一般古書的注釋出現如郭璞的注爾雅及山海經等都是。

六朝的言語學，有急速的進步，關於文字音韻的著書，也有出現了。音韻學方面反切法起於魏時，漢字的字音，除了直音，與讀若二法注釋以外，更有用二字切音的方法出現，始作的人，相傳是孫炎。到了梁代，四聲之法完成，沈約集其大成，同音的漢字，有強弱之分。音韻學的進步，所以這樣迅速，多半因佛教的傳來，受梵語影響頗大。在小學中，梁的顧野王曾作字書玉篇此書原本現已失傳，但聞日本尙有流存。漢魏六朝流傳著作的書名，尙保留於隋書經籍志中，而內容不傳於後世的甚多，其中關於音韻學的，亦復不少。

（五）漢魏六朝的文藝

在文藝史上，漢魏六朝是個重要的時代。中國人的文學觀，到了六朝，才脫離道德，轉向藝術的途上前進，換句話說文藝到了這時，才能離去道德學問而有獨特的立場。這原是亂世的社會相與文辭發達的結果，這種傾向在魏文帝的典論中，開始發現。其後文的內容（理）漸不着重，而轉重修辭（文）。到了南北朝，修辭簡直掩蓋了一切。同時，又受到梵文的影響，音調也漸漸重視，這就是下述的所謂六朝駢文。照道學先生看來，這完全失去了為文的本旨，所以是一種墮落。但從別方面看本來枯燥無味的文章，卻因此而有味滋潤，本來如骷髏的一付骨格，卻因此而有血肉衣飾，當然是一種進步。不過脫去道德桔桎以後的反動，有時不免矯枉過甚，也是事實。另一方面，兼善詩畫二者的人，也出現了。到六朝末年，唐初之際，詩、畫、書模倣佛教中的三品，也分成等級。於此可知醞釀的期間，當在漢魏之際；所以自兩漢到六朝時，在文學上的推移變化，我們不能輕易看過。

先秦時代的韻文，我們已在上面講過，是黃河流域的詩經與長江流域的楚辭，形成二大流別。戰國末年，秦把黃河流域先統一了，在長江一帶久佔勢力的楚國都漸漸北遷，終於被秦滅亡。秦滅楚後在政治上是統一了，同時在文化上也統一了。漢承秦後，初時文化上未免有一黑暗混亂時期，但新生的文化，却是包含南北兩因素的統一的新文化。不過楚是南方的大國，對秦反感特深，同時亡秦出力又最多，所以在漢代初起的文學受楚文學，即屈原宋玉等楚辭的影響特深，色彩特別厚，便轉而成為漢代的辭賦

漢代的辭賦是有韻的美文學，逐漸發展，對句的應用也漸多，到六朝時，對句押韻極為顯著，頗流於注重形式。辭賦之辭，即是楚辭之辭，因此後來也有人稱之為騷賦。所謂騷者是指離騷。又有單稱為賦的，這是不可歌唱，祇能誦讀的東西。賦的另一意義，作鋪作陳解，意即直陳其事。分開來解，辭是抒情的，而賦却是敍事的。漢代敍事體甚多，或者以問題式來敍事的，亦復不少。

漢武帝時，賦最盛行。原因是由於當時國威的隆盛與武帝的好文，武帝自己也有作品，而漢代的代表作家司馬相如也生在這時。在武帝以前也有辭賦作家如陸賈賈誼枚乘等文人。陸的作品未見，賈則因自己的境遇頗與屈原相似，因於渡湘水時，作「弔屈原賦」以寫自己的胸臆。又在長沙時，因最不祥的鵩鳥，飛入屋中，遂作「鵩鳥賦」。但賈的一生功夫，還用在論策上面，辭賦尚非其專長。枚乘年代較晚，已集漢賦體裁的大成，所作有七發，到六朝時，遂有所謂七的一類文體出現。他的作品中，已可以看出雕琢的痕跡了。與枚同時，又有莊忌（因避明帝諱改名嚴忌）曾作「哀時命賦」。

司馬相如（長卿）是漢代第一個辭賦大家，蜀人，家本貧寒，寄寓於富豪卓王孫的宅中，因奏琴而挑撥新寡婦卓文君，相偕奔逃，在市中開設酒肆，岳丈卓王孫，因懼外間的醜名，遂給予巨資，一躍而成富翁。後更以所作「子虛賦」得知於武帝，見武帝時，又獻「上林賦」，遂仕於朝，可謂富貴並得。他不但有文才，且通小學，因此賦中敍事物，極盡精密。又善書法，文字縱橫，作品甚可觀。多用四字對句，爲六朝駢文之先驅。子虛賦中言楚國的使者子虛，聘於齊國，參與狩獵宴會，因向齊臣烏有先生吹述楚國雲夢澤狩獵規模之大，齊王駭服，無以爲對。但是齊國的大臣烏有先生却不甘雌伏，謂齊國有更大的狩獵之地，認爲諸侯皆有，尋常不足道。「上林賦」是承接「子虛賦」而來的，言同座的之是公聞之而笑，爲述天子上林苑的盛况，獵後天子因感悟其非，以苑囿作耕地，推行善政，民受其恩，天下大治。因進而勸諸侯戒奢侈，二子折服，賦遂結束。相如的賦，後人多作爲模擬的範本，漢賦中設問題之多，原因就在於此。文字學造詣深邃的司馬相如，賦中多用難字，後人多認爲賦中的體裁，遂難免不自然，所以辭賦差不多成了難字的美文。

與相如同時，有東方朔、枚皐、嚴助、吾丘壽王、朱買臣等，稍後有王褒、劉向、揚雄等。東方朔的賦中，帶滑稽味，而揚雄之作，多仿相如。

後漢的賦，摹倣之風加重，稱爲東都第一賦家的班固（孟堅）曾作「兩都賦」，內述西都之賓盛誇西都的文物土產與宮室之美，而爲東都主人之辯說所折服，這便是帝都賦的嚆矢。張衡（平子）模仿他，作成「三都賦」描寫兩京及南都。其後更有馮衍崔駰傅毅馬融王逸蔡邕等賦家。

賦到魏晉仍不衰，王粲（仲宣）陸機（士衡）潘岳（安仁）左思（太冲）等皆善此道，左思因作「三都賦」，洛陽的豪貴爭相傳寫，據說一時紙價爲之騰貴。自此以後，賦更講究形式了。

漢代又發生一種新的樂歌，稱爲樂府。樂府二字本來是一個衙門的名字，創設於武帝之時。至於樂府令一官，似乎武帝以前就有了。樂府的責務，本在採集民間的歌謠及文人的佳作，再重加新製，以配合於音樂。李延年做協律都尉，採之以入樂。因此，先是樂府所採集歌謠，稱之爲樂府，其後民間模仿這類的作品，也同樣叫樂府，到了六朝，漸失去樂歌的性質，而成爲徒歌，卽是不能入樂的歌詩。

樂府的體裁不一致，一句的字數也不一定。大概最初有四言，次有五言，最後才有七言。四言到後來似乎曾一度復興過。到六朝末期，五言四句的，已宛似後來的絕句體裁。內容以敘事爲多，長篇的亦復不少。

古人以爲五七言的起源，在於漢武帝時。卽五言詩古詩十九首中，含有枚乘的作品。此外還有李陵蘇武贈答的五言詩。七言體有武帝時的柏梁台聯句。按古詩十九首中含有一部分枚乘作品的話，本起源於六朝時的陳人徐陵。且以文辭內容來看，最早也是後漢的產物，決非武帝時作品。蘇李詩的內容，與史實矛盾，且與本傳中所收錄的韻文相比較，體裁頗異，更是後人作品的僞託無疑，至於柏梁聯句，中間竟集有當時已故人物的句子，及當時未置的官名，所以必是後人的作品。而且如是初期作品，形式體裁，都不能有這樣完整，是很明顯的。近人以爲五言起於後漢，七言遠在後漢之末，或則與樂府時間相同，古詩卽起於民謠。

所謂古詩，或古體詩，是與唐代所起的近體詩相對的稱呼。無論在句數，字數，平仄，押韻方面，都無嚴密的限制，形式上都比較自由。因此，縱然是近代人的作品，採取這個形式，也便叫古詩了。

爲什麼成功五言或七言詩，原因就不詳了。無論如何，漢初的作品多四言句，如詩經一般，正史中可見的，除李延年的北方有佳人一篇以外，大多是四言。有人以爲或則漢人本喜三字、四字、六字的音調，因嫌其單調，所以才稍予變化。也有人以爲楚辭的六言句中，多夾一兮字，將兮字改成實字，便是七言句。或則含兮字的六言句，將兮字省去，成爲五言，或則以詩經中的四言句爲依據，先增一助字，後將助字改成實字，便是五言句了。但是他能發達流行，仍是由於當時好奇心。

後漢獻帝的建安年間，五言詩才漸漸發達，漸經文人之手來試驗。當時握實際政權的曹操（孟德）以將帥的身分，賦陣中詩，其長子丕（子桓，卽魏文帝）也好文學，作詩賦，著論文學的典論，到丕弟植（子建封陳思王）以曠古的天才，遠凌父兄成爲古今的大詩人。他的後半生，遭兄虐待，悲憤之情充滿詩中，無復前半生的從容了。

在曹氏父子之下行走的文人，亦復不少，其中有孔融陳琳王粲徐幹阮瑀應瑒劉楨等七人，稱建安七子。王粲徐幹長於辭賦，陳琳善作表章，一時詩風一變，稱爲建安體。

漢魏之際，無名氏的長篇名作很多，其中能明白辨別其爲樂府體，或古詩體的固然有，不能分辨的爲數也很多。樂府可以歌唱，多敍事，字數不一定，而風格遒勁。古詩却與此相反，不能以上述的條件來拘束。現在且將其內容稍爲介紹：

漢代的儒者，漸流於形式，官吏內幕腐敗不堪，祇知墨守形骸。一般知識階級，漸漸多趨向擺脫儒教的形式緊縛，加以經濟上非難政府專賣事業的呼聲漸起，以爲遺害民衆。商人又介在其中博私利，一般生活程度漸高，奢侈之風，彌於天下。中央的政令，漸不能行於邊疆，外族侵略常有，於是根據當時生活痛苦的實情，與反抗權力的輿論，一般正義的，或陰謀的，或宗教的暴動，各地蠭起，內亂外患，相尋不已。商人又乘機博利，造成貧富懸殊的現象，以致餓莩遍野，骨肉相食，暴力橫行，家庭的悲劇，到處皆有，厭世觀念充滿一般社會。漢魏之間，古詩樂府，歌詠這種痛苦的，爲數甚夥。「薤露歌」「蒿里曲」是詠嘆人生之短的；「東門行」

是描寫失敗人士，徘徊於生死線上的狀況。「孤兒行」敍述雙親死後的孤兒，被兄嫂殘酷的使喚。「戰城南」詠戰亂之苦，「飲馬長城窟」憶遠行的丈夫。「爲廬江小吏作」（孔雀東南飛）描寫介於親愛與妻愛之間的小公務員的矛盾心情，再以妻子暫別丈夫不勝苦憶之情，及母親欲以女兒再嫁富吏的心理巧爲穿插，結果夫妻同歸於自殺。全篇描寫家庭悲劇，實爲空前的佳作。他如「陌上桑」是首艷詩，「上山採蘼蕪」描寫男人得新婦後，猶惦念舊妻的丈夫心理，述人情之微。

散文中的古文，與韻文的古詩，遙遙相對的。文體朴素，修辭以達意爲主旨。從先秦至漢代，所有散文，大多如此，唐的復古文學家，特給它一個「古文」的名詞。但既然忽視修辭，以達意爲主，則審美觀念當全不顧及，按理不能看作文藝作品了。但因中國古來的文學史上，都述及古文一格，所以本書也依從舊例，略爲敍述。

漢代的散文，首當述及的是策論。先秦從橫家一張口，一變到文人的筆頭，便是策論了。漢帝的人材，都自民間選拔，予以重用，所以有志之士，都藉文章發表政見，以爲立身之具。影響所及，遂成風氣，在文景之世，此風最盛，賈誼的「治安策」「過秦論」最能看出他才氣的縱橫。其後又有汲法家之流的鼂錯，武帝時，董仲舒應試的「對賢良策」三篇，開其風氣，於是公孫弘，主父偃，匡衡，劉向之流，先後出現，一時稱盛。

漢代的敍事文，前漢有司馬遷（子長）的史記，後漢有班固的漢書，都是後世古文家的模範文，清代桐城派，尤奉爲金科玉律在古文史上有特殊的地位。再以史學書而論是正史之始，紀傳體史書的最初本。其中將主要事件，是依照帝王的年代挨次記錄，天子以外的主要人物，則特別立傳諸侯及孔子，皆列入世家中。討論制度學術的，稱爲書；此外，又作表。原來作者司馬遷，繼父談之志，編纂自黃帝至武帝的史書，對於史料的檢討，敍述的繁簡，從嚴格的史學立場來看，雖不免猶有可議之處，但結集當時傳存的史料，不使湮沒，傳於後世一點，功績實不可沒。且其見識卓拔，文筆通達，頗有可觀。祇是今日的史記，不但有後人增補的篇章，據傳整段經人點竄之處，亦復不少。

漢書的作者班固，繼續父班彪的遺志。其本人歿後，更由其妹昭，完成此著。這是斷代史的開始。文章雖不及史記，但比後代的正史，卻優越多了。自漢書出後，以下的史書都廢去世家一章，又改書稱志。其他荀悅有編年體的漢紀，劉向蒐集片斷的史實，作成說苑新序列女傳等。以文藝價值論，固不足特別提出，但在漢代史籍編纂的發展上，卻不容輕視。漢代散文，最有特色的，要推後漢王充的論衡與蔡邕的碑銘。崔駰崔瑗等箴銘頌贊。王充攻擊偏重華飾的文章，主張言文一致，以明快的筆鋒，毫無忌憚地論評當代思想。

駢文完成於南朝，這是與韻文接近的一種散文，好用四字及六字句，多對偶，聲律調整，有時押韻，使用故事，鋪成美辭，讀時，聽覺視覺都有美感，對於耳目無偏廢，不過寫作時很困難，有時因拘於外形，難免有意義晦澀之弊。駢者二馬相並之意，因爲四六相重，也稱四六文。

古文之所以變成駢文，一定受漢魏辭賦的影響。至於對句及四六句，原由於中國人審美感覺的敏捷，與發揮中國文字的特點。在古文之中，已經有用對句了。六朝戰亂相尋，門閥觀念特深，要路盡被大族擁塞。其他朝代學者可以爲官吏，但在六朝單恃文人的資格，無法獲得榮達，名利之念因此淡薄，遂耽於遊戲三昧，對於文學的觀念，也漸漸改變。一方面音韻的研究也進步了，促進文人去眞正苦思力作，所以有如此結果。

當時有文筆之稱，文指有韻作品，筆指無韻作品，所以大體上講，駢文是文，散文是筆。後世散文稱文，駢文稱詩，時文的內容，已經不同了。那末，有韻的美文如辭賦駢文，究應歸入那一類呢？似應依照慣例，列入文中。後世的詩文，內容已稍有變遷，因此自六朝至唐一段時間中，有文筆、詩筆等語，但在文學史上，所謂詩文之文，實是散文駢文的總稱，三種意義，實有不同。

自後漢到魏的一段時間中，因爲言論的受壓迫，與社會的無秩序，理想與現實之差，相去很遠。對於實際社會，或則憤懣，或則厭惡，或則希望擺脫，所謂淸談之風，當時很流行，自然主義，理想主義，樂天主義，享樂主義等老莊思想的本源及末流，成為一時風尚。在文學中這種傾向很顯著，後又受了道教佛教的影響，其風益熾，寖假而及於兩晉南北朝。

三國時代因為曹氏父子好文，所以文藝的中心地在魏。正始文學已可發現清談的傾向，生存於魏晉之間的所謂竹林七賢，其中嵇康（叔夜）阮籍（嗣宗）尤為此中代表。嵇的個性，瀟灑脫俗，而阮的傾向，則厭世享樂。

晉代多少是引用儒教主義的，宗室門閥的權力特強。所以雖有人材登用的九品中正之法，因皆為豪貴的實權所左右，失去了原來的目的。又因受八王之亂，永嘉之亂的影響，羨虛榮的紳士及喘息於飢餓線上的農民推波助瀾，使前朝的消極餘風，氣息更濃，文人亦有因陷在爭鬥的禍害中不能全其天年的。

太康前後西晉所出文人特多，所謂三張二陸兩潘一左一時並出。辭賦之風，晉代還繼續，而五言體便完成於此時。所謂三張，是張華張載張協，其中華最有名，博覽強記，詩賦之外著作尚有博物志。二陸是陸機（士衡）陸雲（士龍）。機的天才表現在美文麗詩上，據稱天下的文章因二陸的入洛為之一變。他們二人，被認為詠物詩的始祖，變更中國自來詩以言志的觀念。兩潘是潘岳（安仁）潘尼，岳長於抒情詩。他個人的風姿之美和他的作品悼亡詩後代很著名。一左為左思，有豪邁之譽。其他尚有二傅，即傅玄傅咸，以清後見稱。

東晉的詩稱盛於永嘉年間，代表作家有劉琨郭璞。劉詩慷慨奔放，郭詩瀟灑脫俗。當時畫家顧愷之的詩句，有「春水滿四澤，夏雲多奇峯，秋月揚明輝，冬嶺秀寒松。」一首，僅見於陶淵明集中，鄭振鐸以爲充滿畫意。假使他的作品，能多留傳幾首，當時藝術家對於詩畫的態度，或能得一明證。可惜事實上祇此一首，誠爲憾事。但是中國人對於書畫的觀念，到了六朝，爲之一變，却毫無問題。畫也脫離了勸誡範圍書法也超過了實用的目的，俱有了審美賞鑑的目光，在中國詩書畫的結合，就在這時。考其原因，一方面由於發展六朝文化的江南，自然風物，比江北豔麗多了，因此有藝術素質的藝術家，對於橫在自己周圍的山水之美，當然易於感受，晉末的陶潛謝靈運等，專以自然爲對象的傾向，就在這時產生了。

陶潛（淵明）晉末人，在當代獨具一格，與時流相反，以平淡爲主，力避陳腐，尊崇道德，重視去就。生平曾做過一任彭澤令，但不久即掛冠歸去。生平與自然爲友，歌詠田園，性嗜酒，採取自然的樂天主義。在官中傾向儒教主義，隱避後，變成老莊思想

宋元嘉時有顏延之（延年）謝靈運（康樂）的詩文，並稱於世。敍述山水之秀，謝尤稱善。鮑照（明遠）之詩平易而有生氣，謝惠運的詩有自然之評。

齊永明時，有王融謝眺（玄暉）沈約（休文）等，沈集四聲之大成，又說八病，在理論上，沈最特出，在作品上謝稱獨步。謝的五言詩，爲唐代天才詩人李白所賞。

梁武帝（蕭衍）以下，天子同族無不重文，詩風內容並稱豔美。前朝齊的文人，這時也多健在，一時文運大盛。武帝的太子統（昭明太子），早夭，愛好文學，編文選三十卷，作爲後世的模範文例。此後選集的編纂甚盛，成爲六朝文壇的一特色。此外尚有作者江淹（文通）任昉（彥昇）庾肩吾吳均何遜等，其名皆傳於後世。

到了陳代，文辭內容更豔麗，後主陳叔寶的奢侈淫靡，實助長此風。徐陵庾信江總陰鏗等前朝詩人，這時也多出現，作品以豔麗爲主，後世稱徐庾體。徐陵所編纂的玉台新詠十卷，即是當時的代表作。

厭世傾向的反面，便是享樂氣氛的濃厚，是無待言了。南朝的社會環境，杌隉不安，連貴族天子，都岌岌不能自保，平民更不用講了。試看南朝天子之中，能有幾人得享長壽的。庶民階級，當然更不用講了。有地位有金錢的人，日夜沈醉酒色，以遂其享樂生活，自梁的天子起，迄陳後主止，達其極點。用豔麗的辭句，詠美女閨情的詩風，先起於宮中，後漸染及府中，境內名曰宮體詩。所謂徐庾體，實際上亦與宮體詩無異。政治上被異族凌逼，經濟上陷於窮困的南遷難民，受了自然的偏惠，本來容易流於文弱，流於輕浮，染上遊蕩氣分。所以當時戀愛的情歌，不獨起於宮中，且亦遍及民間。自晉以來，此風卽盛，流行於吳地的民謠所謂吳歌，便是最好的代表。其中子夜歌尤有名，根據傳說，始作此曲者爲晉女子名子夜的，故得名。歌多五言四句的短篇。就性質上講，彷彿亦是伴樂器奏唱的新體樂府。其次有流行於荊楚一帶的西曲歌，無論文辭與內容，都與吳歌無大異。這類民歌體裁，漸漸地侵入南朝文人詩歌題材以內，作者甚多，梁武帝也有子夜四時歌。

漢末以來，敍事的古詩與樂府始終未衰，吳歌西曲也不過是一種樂府，已如上述。六朝文人的作品中，抒情的短篇，爲數尤夥。其中有完全失去了本質的摹擬作品亦復不少。至其內容，大多不出詠歌閨情之作，殆亦世風使然。

北朝的文藝，與南朝不能相比，在戰後荒涼的河北草原中，要尋求美麗的文藝作品，自然不近人情了。北方民謠的最好的代表，是一首無名氏的作品：

敕勒川，陰山下，天似穹廬，籠蓋四野，天蒼蒼，野茫茫，風吹草木見牛羊。

顏之推逃難，移屋北齊；庾信被執，遷於北周；因此北人也漸仿南人的作品。庾信雖受北廷的優遇，因不勝望鄉之苦，絕筆不再作豔詩。

此外，有無名氏的一篇大作木蘭辭，慷慨雄偉，在中國詩史上，罕與倫比，從來認爲六朝敍事詩中的傑作。內敍一個女子代父出征，當爲北人的民間作品。近人根據其內容考證，多以爲唐代的作品，又有人以爲是前人的作品，爲唐代人所改作。

北朝的文藝中有幾篇寫景的作品，頗爲著名，如後魏楊衒之的洛陽伽藍記，酈道元（善長）的水經注便是。前者敍洛陽伽藍（卽寺院）的盛衰狀況，兼及傳說；後者的著作人因隱避俗世，遨遊山林，將其足跡所至的名勝之所及風景之美，一一記錄，文多變化。

六朝的文學中，還有二事，不能不略予提到的，是文學評論與短篇小說的勃興。文章的批評，原來古已有之。但是整集成書的，却始於曹丕的典論，全書今已不傳，但有自序一篇及批評建安七子的論文一篇，見於文選之中。後有陸機的文賦，全文俱傳的，有梁鍾嶸的詩品與劉勰的文心雕龍。詩品將自漢至梁初的詩人分成上中下三品加以論評。據作者之意，詩以吐露性情爲上乘。文心雕龍分成上下二篇，前半論文章體裁，後半論修辭之法。作者有一極大的抱負，就是反對當時風行的形式偏重主義。行文亦多四六駢偶。當不外受時代的影響。二家之外，當時評論文學的書，出得很多，今日祇能看到他書中所引用的部分。

短篇小說的起源，在於漢代。小說之意，尤小話也，多怪談笑話。今日所傳的漢代小說，實際上多不過是六朝假託的作品。其中多採神仙思想的，有晉葛洪的漢武內傳等，是部完整的作品。六朝的小說中，篇幅最多的，要推晉于寶的搜神記二十卷是部輯集短篇的怪談小說，中間已受印度民間傳說的影響。此外專集笑料的書籍，有後漢至南北朝期間的邯鄲淳笑林等書名及斷片，但全書却並不傳下。

這些六朝的小說，可以作爲窺見當時民間傳說的好資料，像唐宋傳奇那様美麗的作品却沒有。

（六）隋唐的學問

隋室的始祖，文帝楊堅受北周靜帝的禪讓，卽帝位於長安，年號前後用二個，稱開皇與建元。建元八年（五八一年）滅亡南朝的陳，政治上使南北統一了。遂轉而注意文化工作，爲了確立主權，與下一代的煬帝，同樣禁止讖緯之書，以防豫言之害。又因六朝在屢次爭亂之中，典籍無一次不罹難，尤以晉永嘉年間洛陽陷落時爲最盛，所以學派分裂，文獻毀滅之甚，爲前古未有。隋文帝煬帝乃講究對策，從事整理。在南北朝時，公家私人，蒐書編目也頗不少，祇因世亂相循，隨編隨失，所以並無成效。

隋初時，文籍散亂，宮中書籍，無足觀者。因此，開皇三年，祕書監牛弘，乃述古今書籍之五厄，奏請遣人搜集天下的異本，借以抄錄，原本歸還時，又贈絹一匹，以爲獎勵。於是民間的異書，乃稍稍出現。及隋室統一南北以後，所出書籍更多。但陳室所傳諸書，多爲宣帝太建年間新抄之物，簡陋粗略，因召天下能書之士，加以整理，宮中藏正副二本，其他分藏諸所。當時蒐集與夙藏的書物，合計纔三萬卷，爲量之少，可見一般了。

煬帝好學愛書，令將祕閣所藏書籍，各作副本五十分，上中下三類，改變裝釘，然後貯藏。上品以紅色的琉璃作軸，中品以絳色的琉璃作軸，下品用漆軸。當時的體裁，還是軸子形，卽卷本。經這次整理後，隋室嘉則殿的書籍，達三十七萬卷。然煬帝爲政暴虐，耽於佚遊，頗失人望，隋室僅傳三十年卽亡。宮中藏書，大多隨之散佚。唐武德初年，連複本計算在內計八萬卷。且秦王李世民平定王世充後，將所獲隋室舊書八千餘卷命宋遵貴押運裝赴都中，不幸中途覆舟，書籍遺失者十之八九，目錄亦染水失亡。貞觀中，魏徵、虞世南、顏師古等相繼爲祕書監，皆嘆經籍之散亡，奏請收購天下的書籍，從五品以上的公務人員子孫中，選拔能書之士，使之抄寫，藏於宮內庫中，使宮人管守。

開元中，玄宗任命左散騎常侍昭文館學士馬懷素爲修圖書使，與散騎常侍崇文館學士褚無量等二人，共同整理宮中圖書。於是糾集官吏從事整理，借民間的異本來抄寫，貯於東都的乾元殿東廊，分經、史、子、集四類，作成書目。其後，再度集合諸家，重修羣書四部錄二百卷，由右散騎常侍元行冲奏上，毋煚更加改良，使之簡單化，成古今書錄四十卷，收錄書籍五萬一千八百五十二卷。

當時，宮中書籍，除東都之外，長安也放置一部，置於東宮的麗正殿。其後又在長安大明宮光順門外，洛陽明福門外，起集賢書院，准許學士出入隨便閱覽。設知書官八人，掌管書籍，東西兩京的書籍合計十二萬五千九百六十卷，分爲四部，貯藏書庫。四部都改變外裝，紙張改用益州卽蜀的麻紙。

玄宗如此苦心蒐集書籍，自然有相當成績。但在天寶年間，安祿山之亂時，全部散失了。其後肅宗、代宗雅重儒者，蒐集遺書元載爲宰相時，奏請以千錢購買書籍。文宗之時，侍講鄭覃進言，搜集遺書，藉以抄錄。到了開成初年四部之書多五萬六千四百七十六卷。其後，僖宗廣明年間，黃巢之亂起後，藏書又散亡了。昭宗之時，又擬蒐集遺書但在洛陽遷都之際，又散失過半。

以上是略述唐代宮中藏書的集散概略歷代統一的國家中，書籍之旋集旋散，翻覆之多，沒有過於唐代的，由此可以窺見唐代學術盛衰的波瀾之多了。

隋的學者，有名王通的，字仲淹，生而穎慧，教學於河間，唐初的功臣如魏徵房玄齡李靖等，皆出於門。年三十餘而歿，門人私諡之爲文中子。著有中說十卷，傳於後世，自擬於聖人。但是傳記雖這樣詳細，從各方面考察，實際仍不無可疑，前人已有疑爲出於宋人的假託，或則不是完全無因。

隋唐之際的數位儒者大多無足輕重，這裏暫置不論，而略述唐代的儒學。儒教的眞髓本來在於修己治人。而唐代的儒教，對於修己一點，並無特殊可述之處，就是治人一端，亦因佛道二教的侵凌，不能像漢代那樣發展。所以尚能勉強維持學的方面的生命者，完全由於他能使人達到做官的目的。就以學的方面而論，註釋因有官撰的正義，致失去了新撰的意義。僅於中葉以後，疑經疑傳的風氣稍起，才帶有多少新鮮味。因爲這時，儒學已失去了成爲榮達手段的地位。

政治統一以後，其次就是思想的統一與文化統一。隋室合倂南北以後，不久南學派就得勢，素樸的北學派便失敗，這也是理所當然的。

唐初時，南北的經學還並行於天下，使初學者迷於所歸。且唐初以來，中央及各地，都有官吏的登用試驗，其受試科目中，有經書一門，假使許可學派紛歧，各持一見，便沒取捨的標準了。所以不但在政策上，經學須要統一，就是在實際的應用上，經學也須要統一了。受試的人與出題的人，都要求解經統一，所以由太宗勅命，撰述五經正義。

在註釋之前，先着意經文的校勘。六朝之末，有陸德明者，編纂經典釋文，音註三經三禮三傳論語孝經爾雅及老莊等書的字句，記錄諸本的異同，對於實際生活，雖並無關係，但是說到經學版本的整理，畢竟要推此公。唐貞觀中，顏師古奉太宗之命，從事校勘。其後，太宗更命孔穎達顏師古等作五經的解釋書，孔得馬嘉璉賈公彥楊士勛等之助，從古今註釋書中，尋求認爲適當的撰者，採取好的註釋，或者敷衍古註，引用古人之疏，或則加上新的註釋。數年以後，成就一書，初名五經義贊，後由天子賜以五經正義的書名。正義出後不久，參與撰修的一人馬嘉運，發表反駁的議論。因此貞觀十六年（紀元六四一年），再度下詔，使以前從事編纂的人，再加入幾個其他新的學者，重加校訂。孔穎達歿後，高宗永徽年間，又詔長孫無忌等再度校訂，這時，從事與此工作的人中，有李勣褚遂良賈公彥等諸名士，五經正義至此始完成。遂於永徽四年（六五三年）頒發天下，以後官吏的登用試驗以此書爲準則。

五經正義頒發以來，一時天下的學者，多盲目的相從。但後世平心靜氣地研究此書，發現缺點正復不少。第一，阿附原注的地方太多，受論者非難。第二，各經的正義中甚至同一經的正義中，頗多矛盾的地方。第三，多採用隋代的原文，未加點竄，致多處與唐制不合。第四，雜有不純的讖緯之說。原來第四項，是漢魏以來學術界的一般傾向，連鄭玄也曾採用，殊不足以爲正義之罪。此種風氣，在當時學術界猶有勢力，無怪各校勘者採用。今日學界反可因正義一書，得知業已失亡的緯書之一斑。至於阿附原註一說，也有理由。原來所謂疏者，既是敷衍註的，從著書的體裁論，也有無可奈何之處。所謂並採互相矛盾之說者，因爲太受原註的拘束，實也是不得已，官撰書籍，成於多數學者之手，往往易犯此病。有人非難孔穎達奉詔監修，而事實上自己並未過目一說，也未免失之過酷。惟有第三點，說到隋代的地名時，今爲何地何處，而逕採用大隋一語，在官撰的立場，最無可申辯。但在學術的見地上，卻並不嚴重。要而言之，這也並不是一部很了不起的書；但於經學的統一上，卻實有功焉。

此外，還有人非難五經正義所採的註釋書取捨標準失當，不應摒棄鄭玄的易注，服虔的左傳註，而易用王弼註，顯然忽視了漢的象數，而傾向於魏的玄學。尙書本文，也不該採用東晉梅賾的僞古文。而且，南北朝時代的江北經學界，根本未予顧及，似乎也是一個失着。但是却也有不無可原之處，原來當南北統一之際，在文化上南方的勢力壓倒了北方，所以註釋的如此取捨，原不完全由於孔穎達等的偏見，而是當時的一種風氣。例如南方的經學者，當然不用講了，就是爲當今學界所重視的陸德明的經典釋文著者，也是南學派中人。又因書成之時，還在隋的統一以前，所以南學的色彩更著，例如易取王說，書採僞孔，左傳則以杜注爲主，便可概見。再看隋書經籍志，可知爲識者所重的漢儒註釋，在南學派鼎盛的隋代，勢力已經全失。且孔穎達等編纂五經正義之前，顏師古已先從事五經本文的校訂，師古是有名學者顏之推的後裔，之推是從南朝移居至北朝的人，也是反對江北學藝的人，考釋之際，多以南朝的本子爲是，而以北朝爲非。所以在師古校訂時，似已多從江南的說素。如此看來，孔穎達等丟開河北的學說，專採江南之學，亦是風氣使然，不可厚非。因此正義中所採的前人註釋，易用魏王弼，晉韓康伯的註，書用漢孔安國傳（僞），詩用漢毛亨傳，鄭玄箋，禮記用漢鄭玄註，春秋晉杜預註，其中亦有採用鄭玄註的，其中禮記的正義，孔穎達最爲得意，世上亦最有好評

五經正義頒布以後，學者模仿，作他經的注疏，即注疏周禮儀禮的有賈公彥，皆採鄭註。公羊有徐彥的

注疏，採漢何休的解詁。穀梁有楊士勛的疏，採晉范寧的集解。都對注解並不駁正，祇加以敷衍說明，體例全從孔穎達。因此當時有九經的注疏，其中周禮最佳，已成定評。不過今日的注疏，是經注疏三者合在一處而古代的體裁，疏自成一書。

唐代的經學，與教育制度關係甚深，所以經學在社會中的勢力甚大。唐朝高祖太宗並獎勵學問，高祖起學校，策劃皇族貴族等子弟的教育，曾下詔優遇前代大儒的子弟，特予舉用。太宗整頓學校，常親自行幸，立弘文館，召集天下學者十八人，使其研究學問。陸德明孔穎達房玄齡杜如晦姚思廉虞世南許敬宗等皆列入弘文館十八大學士中，頗使時人欽慕。

這時，從國子學太學起，內外的學制，頗爲整飭。好學之風，自上至下，自內至外，稱盛一時。從國外來求學的，亦頗有人。經書之中，論語孝經先列入。易書詩禮記春秋稱五經。又易書詩稱三經。周禮儀禮禮記稱三禮。左傳公羊穀梁稱三傳，合稱九經。一說三傳合而爲一，外加論語孝經，合成九經。經學隆盛以後，祭孔之風也起了。此外又因別種理由，尊崇老子。又從韓愈的議論以來，孟子亦特受尊崇。

經學當然是官吏登用試驗的課目，論語及孝經是必須之書。九經依經文的多少，分成大經（禮記左傳，）中經（毛詩周禮公羊）小經（周易尚書儀禮穀梁）三等，受試的人可自由取捨，將經學某一部分，前後掩蓋，測驗受試者的記憶力。因此受驗的人，大經之中，嫌左傳文長，多擇禮記。中小經中，多棄周禮儀禮公羊穀梁等艱難的書籍而習較易的易書詩等書。因此周禮儀禮公羊等書，少有學者。這種流弊在盛唐已開始，不一定始於後世。同時受試的人，祇知鑽研學問，或拘泥於形式而無政治才能的，亦比比皆是。且試驗太偏重於暗誦，影響所及，有使青年忽視經義之風的。

唐代也有刊刻石經之舉，即所謂開成石經。文宗開成二年（西元八三七年），宰臣判國子祭酒鄭覃，上石壁九經一百六十卷，帝令翰林勒字官唐玄度覆校。這在當時，已爲名儒非難的標的。但是漢的石經早已不存，得此較當時刊本更古的本子，縱有誤謬，究亦可貴。不過現存的開成石經，多有後人的改竄，已非本來面目。但是後人根據此經，校正所傳經書誤謬的地方，亦復不少。開成石經在九經以外，又加入論語孝經爾雅。孟子一直要到韓愈以後，才漸爲世所重，當時尚未列入經書以內。

開成石經，附刻張參的五經文字與唐元度的九經字樣。這兩書是詳細校勘五經及九經文字的書之完成，不在一時。五經文字中有大曆十一年（七七六年）的自序。至於九經字樣，是依據太和七年（八三三）的勅命而作。

五經正義公布以來，經書的解釋，從此劃一，這在考生看來，自然最可感激，但是正義一書，有如上述的缺點，未可稱爲善本。各方面之所以大加攻擊，因爲正義是勅撰的書，所以尤不可恕。

唐代的儒學，因爲思想統一，與道教太盛，所以很少活氣。其中獨有李鼎祚的周易集解十七卷，採集漢魏六朝及唐代三十五家的諸說之長，爲唐代難得的經書個人注釋書。漢代的易學，得因此書而略傳若干片斷，可藉以窺知正義所不採的象數之易，是一種貴重的文獻。

經學的字句解釋，在唐代既沒有新的發展，所以唐代的經學，乃別尋生路。下述的革新運動，自然應運而起。其實這時縱沒有正義那樣勅撰書籍出現，經過漢魏以來如許長的歲月，經書解釋也可謂已集大成了。且學者競逐字義之末，罔顧大義，漢唐訓詁學之弊，這時已漸爲當世所承認。

唐代出現的經學革命運動，先起於春秋之學，由啖助及其門下趙匡陸淳等所提倡。宋代盛行的疑經疑傳之風，就在唐代開其端。相傳啖助著有春秋統義六卷，但早已失傳。今日留存的，有成於陸淳之手的春秋集傳纂例十卷，春秋微旨三卷，及春秋集傳辨疑十卷，可藉以直接間接地窺知三氏之說。淳先疑左傳，以爲今日的左傳，不過是左氏解釋春秋的一種資料罷了。同時以爲公羊穀梁亦非原作的全部。次述三傳，非難杜預何休范寧等態度。依他的主張，春秋是對準時弊，改革薄禮之作，因舉孔子作春秋的眞意十條。淳說的當否，固作別論。但他們不徒然墨守舊說，而有批評經傳的新態度出現，甚值得我人注意。這種態度，給予宋學的影響甚大。

拘泥字義，闇於大義之說，的確道破了漢唐經學研究法之弊，因此，到了宋代遂有捨棄字義，專重大義的學風興起，毋甯認爲是當然的反動。

要之，唐代的經學，是集漢以來研究法之大成，而漸呈末路的狀態。而宋以後的新式研究法，就萌芽在此期內。

經學以外，可觀的學術幾乎是沒有的。不過唐代是儒釋道三教的勢力爭鬥的時代，道家的勢力，殊不可侮。道教的興盛，不但因國祖與老子同姓，受當代特別尊崇，且道教附會老莊，而老莊之學，對於六朝的思想，甚有影響，一脈相承，因此唐代的老莊之學甚盛。就是頗受儒家重視的陸德明的經典釋文中，亦雜有老莊的思想。此書在唐代學術界影響甚大，也未始不是老莊思想在諸子中特重的一因。今日所傳的著作，有成玄英的南華眞經注疏，與唐末五代杜光庭的道德眞經廣聖義，爲數已是不多。但多數注釋老莊的書籍，卻成於唐代。

又唐代的學術中，史學的發達，亦值得一提。晉書梁書陳書魏書北齊書周書隋書南史北史等正史，都編纂於唐代。而且唐代史學之盛，不僅見於著述之多，就是記述的方法，亦有新見，例如從來編纂史書，對於史料，多博採雜取，不加批評，所以神話傳說，亦多收集在內。但是到了唐代，史料的編纂，漸採取批評的態度了。

使上古以來史書的編纂，捲起革命漩渦的，是唐代劉知幾的史通一書。知幾因避玄宗之諱，遂有人以其字子元稱之。史通分內外二篇，各十卷。內篇論史籍的體裁，外篇論史籍的起源，對於古書，甚多批評。此書對於後世的影響頗大。中國的歷史哲學，可以說起源於此書。

此外，自佛教興隆以來，因受梵文影響的音韻學，在六朝時已很盛行，到了隋唐之際，更形發達了。隋代開皇年間，陸法言討論古今諸家韻書，於仁壽元年（西元六〇一）成切韻一書，計五卷。入唐以後，有人為之箋注，玄宗天寶十年（七五一）孫愐為之增訂，遂成唐韻。這是宋元以來，流行極盛的廣韻的先祖。廣韻出現後，切韻唐韻皆失，但陸孫二人在音韻學上的功績，皆不可埋沒。

醫學因為實際需要，似乎頗有進步，著作甚多。

當時稱為類書，即今日百科全書那樣的大集子，將各書的文字，分類輯錄的編纂之風，始於六朝。到了唐代，這樣的編纂事業，公私並盛。現在留存的，有歐陽詢等奉勅所編的藝文類聚，虞世南的北堂書鈔，徐堅等奉勅所撰的初學記，及根據初學記而著的杜佑通典。現在祇存在於目錄中而實際已失亡的書集頗多。

中國的印刷術究竟發明在何年，不能確考，但大致起於隋唐之際，或則始於宣傳佛教的小册子，亦未可知。今日所存最古的印本是大英博物館所藏，史丹因（Stein）在敦煌石室所發現的咸通九年（西元八六八）刊行的金剛般若波羅蜜經。在文獻上所可考見的，有册府元龜卷一百六十中記太和九年（八三五）以前蜀中已有曆書的私刻。中和二年（八八二）劍南西川成都府樊賞家編刊的具注曆，亦曾爲史丹因氏所發現。又據柳玭家訓序中所記，中和三年（八八三），蜀中已有粗劣的印本刊刻字書及占書之類。至於蜀中之所以先有印刷物者，因該地產紙，同時並與唐都長安交通甚便之故。

（七）唐代的詩文小說

唐代是詩歌的黃金時代，詩歌在中國的文藝方面又佔首位，所以唐代是中國文學史上的黃金時代。詩到唐代，何以忽然興盛起來？其中當然有個道理。原來唐室在政治上統一以後，太平無事，因此唐初一般的文化，都有進展。而且唐代的太宗高宗中宗玄宗等歷代的天子，都愛好文學，自己都有作品流傳於世，又很優待文士。太宗的功臣學士之中，很多能詩之士。當時做官吏的人，除了事務才能以外，還須有文雅的心情，成爲修養上的必要條件。到了高宗時，考試官吏，遂加上了詩賦一科。又跟着政治的發展，與西域地方的往來頻繁，所以外國音樂也漸漸輸入；影響到中國本土的樂律，促成唐詩的勃興。

天寶以降，太平的夢破了，唐初的狀態，完全一變。但是正在勃興的詩風，卻不能就此衰微。一般文人詩人，反而因爲流離變遷，多了一層生活經驗，遂把當時社會的實情，作爲題材，以爛熟的文筆，試爲描寫，因此，這時的作品，與太平時代缺乏變化的作品相較，反而更有活氣。並且反映當時的社會狀態，多描寫戰爭，直接間接的悲慘場面，如遠征的痛苦，家庭的悲劇，治者的專橫，平民的生活困難，皆能自然的流露在作品之中。另一方面也有人圖脫離現實的社會，想與詩酒作伴，山水爲友的人，憧憬神仙的境界，因此在詩中也有專門描寫田園生活的。

唐代的詩風，普遍上下。無論以作品與作家的數量來講，或則以質量來論，都是空前絕後，無與倫比的。當時編纂成的諸家詩文總集，或個人別集，至今尙多數傳誦。

現在且略論唐詩的體裁。

中國的詩中，有古體與近體之別，兩者的不同，是以每篇的句數，字數，平仄，押韻等來區分的。近體詩比之古體，格式方面，嚴格多了。近體詩又有絕句，律詩，及排律之分，但主要的是前二者。律詩的得名，由於有一定的音律，每篇八句，其中第三與第四，第五與第六句，互相對偶，稱爲前聯後聯。試以杜甫的武侯祠爲例：

丞相祠堂何處尋，錦官城外柏森森；
映階碧艸自春色，隔葉黃鸝空好音；
三顧頻煩天下計，兩朝開濟老臣心；
出師未捷身先死，長使英雄淚滿巾。

每句字數不是七言，便是五言，句數限定八句，平仄原則上以每二字相間，韻脚押在偶句上，其他第一句押韻與否聽便。關於絕句的名稱，各方說素不一，大多以爲截取古詩，樂府，或律詩的四句，因此得名。一篇之中，

共計四句，例如張繼的楓橋夜泊

月落烏啼霜滿天，江楓漁火對愁眠。
姑蘇城外寒山寺，夜半鐘聲到客船。

排律之名，原謂聲律的排比，後世多以之名長篇的律詩。詩的規律，在唐代還不十分嚴格，唐代的大詩人，很多有違反這種規律的。但是到了後代，這些法則，反更重視，認爲不可踰越。但如以這些規律來判斷唐人的作品，似乎很不適當。

唐代前後約二百九十年，論唐詩的人，都喜歡把它分成初唐盛唐中唐晚唐四期。這種區別方法，始於明的高棅，脫胎宋嚴羽的三分法。四期的分別如左：

初唐	高祖武德——玄宗開元	約一〇〇年
盛唐	玄宗天寶——代宗大曆	約五〇年
中唐	代宗大曆——文宗太和	約七〇年
晚唐	文宗開成——昭宗天佑	約七〇年

近三百年的唐代詩風，前後當然不會一致，這不過因爲研究方便起見而劃分的。但是詩風的改變，是漸進

的，前後相鄰接的年代，縱然分在兩時期內，並不是表示詩風上有急激的變遷，這是很明顯的。同一詩人的作風，可以因環境的變遷而變遷，有時比政治上所受的影響反而顯著。而且所有的詩人，雖然都已歸入一個時代以內，但是以歸入初唐期詩人的生歿年月來看，有時比之盛唐的人，反而落後。譬如杜甫現在歸入盛唐期內，但以今日所傳的他的作品的年代來論，很多是完成於中唐之世的。所以這種四期的區分法，在明代已有人反對。要而言之，不過純粹爲了研究上的便利罷了。劃分四期的理由，大體初唐是可以看做六朝的延長，盛唐是唐詩的成熟時期，中唐是體裁的變化時期，晚唐便是唐詩的衰落時期。從文學史的觀點來看，尙不失爲一種便利的區分法。

初唐的詩壇，大致可以分成五派。第一派可以唐初四傑來代表，大體上還是梁陳詩風的延長。南朝的豔麗詩風，雖有隋文帝的禁令，禁止在公私文書中夾用駢文。但自煬帝以後，又逐漸復原。到了唐初，所謂徐庾體實際上已開花結實，達到爛熟時期。所謂唐初四傑，是指王勃（子安），楊炯，盧照鄰（昇之），陸賓王。四人的優劣，各家評論不一。這四人的生活，有一個相同點，就是大家不得志，而且作品的詞章多很華麗。王勃的年齡，不到三十歲就死，學問既好，文才亦秀，所作滕王閣賦一篇，尤膾炙人口。炯卒於盈川令任所，因此其集名卽爲盈川集。照鄰因害不治之疾，又不堪生活的壓迫，投水而死，詞中充滿愁苦之情。賓王善長篇，四傑之中，最有雄壯之氣。

此外，尚有劉希夷張若虛二人，都屬此期，前者所作代悲白頭翁及後者的春江花月夜各一篇，尤傳誦於世。

第二派是對於格律的謹嚴頗有功的人，應以沈佺期宋之問爲代表，兩人併稱於世，甚至可以說近體的七律始於沈宋，其他李嶠杜審言二人，亦與有力。

第三派是標榜革新的一派，代表者是陳子昂（伯玉）。此派對齊梁的詩風，從正面反對，主張詩風應復漢魏之古，他的實力氣焰，都比前二派的人盛，據傳他初入京時，尚默默無聞，爲了出名，乃不惜高價買胡琴一張，自己以彈琴的名手，廣集聽者，當聽衆之前一擊碎琴，將自作的詩文，贈與來客，從此便文名大噪。

第四派是非專家的詩人。隋末唐初時，投筆從戎的魏徵有「述懷」一首，便是好例。其後，又有張九齡多屬此派，無復有豔麗的風氣。

第五派可以說是詩人中的旁流。王績便是其中的一人。他對隋末的官吏生活，不能滿意，唐初曾再度爲官，生活放浪，一生與酒相始終。他的詩風，多少總曾給予前述的王勃相當影響。任性歌咏山水田野，贊美酒樂，沒有六朝的難句，同時也沒有格律，非常自然，近於白話。不滿世事，寄興於詩歌的風氣，原不限於六朝，唐初的社會，此風尚繼續存在。在這點上，有禪僧王梵志更超過王績，他的詩中，諧謔的氣分很濃，好用簡易的白話，帶有幾分半瘋狂的諷詩口氣。到了中唐，元白所提唱的平易詩風，原不是平空起來的，可以說是有前輩的，王梵志便是他們標準的前輩，但可惜祇爲唐宋間的人所知，到了後代，淹沒無聞，到是汲其流的盛中唐之際的禪僧寒山反以唐初詩僧的資格，聞名於後世。

沈宋兩家所提倡的聲律調整，陳張所提倡的復古萌芽，到了盛唐期，都漸漸結實。新體詩在提倡的當時，並無一定的格式，祇是空泛的說復古，但是到了盛唐詩人手裏，漸漸地完成有定式的格局。在內容方面，唐初太平無事，社會缺少變化，所以詩的題材也比較貧乏。到了盛唐後半期的安史之亂，太平的美夢醒了，世事的變遷，本身就是一篇很好的戲曲。生於開元盛世的詩人，目擊社會的轉變枯榮，追念疇昔之歡樂，浩歎當前之疾苦，發而爲詩，內容自然比較豐富了。所以太平的開元之世，亂離的天寶之世，並有許多傑作傳流於世。

盛唐詩人，首當提出的是李白與杜甫兩大家，李白字太白，隴西人，號青蓮，天寶初年至長安，識賀知章，知章當時爲祕書監，性豪放，嗜酒善書，自號四明狂客，一見李白，嘆爲仙人化身，推薦於天子。白因此被任爲翰林，其生性的豪放，不亞於賀，據傳奉詔之時，猶在酒肆中痛飲。天子命白做詩，左右因在白臉上潑水，酒氣爲之稍醒，當卽執筆，立成清平調三首，樂手唱之，遂大爲玄宗及楊貴妃所欣賞。

白在醉時曾命玄宗的寵士高力士脫靴，高深以爲恥，遂啣怨進讒於貴妃，謂清平樂中竟以貴妃比漢趙飛燕，實爲大不遜。白亦自知生性不適於宮庭生活，聞有讒言，遂乞假外適，與酒爲友，流浪旅途。天寶亂後，因仕於永王李璘獲罪，免死，流放於夜郎，遂漂泊過日。像他那樣瑰奇磊落的詩人，逸話自然是很多的。因此，關於他的死，也傳說不一，甚至有謂他在酒醉之中，欲捉水中的月影，遂溺死河中的一說。

與李白並世的，有杜甫，亦爲中國的古今大詩人。但是杜之爲人，與李白却大異其趣。杜甫爲杜審言之孫，字子美，襄陽人，家中貧乏，少有才名，頗有志於功名，不幸應進士試未及第，不久，遭天寶之亂，流浪苦吟，在亂後的成都，結草堂於浣花溪旁，仕於節度使嚴武。因爲他曾官至工部員外郎，所以稱杜工部，號少陵，也稱少陵布衣。他的生涯，以天寶之亂爲中心，連前後共劃分爲三期。他的詩受環境的支配，也可分爲三期，卽天寶之前，頗熱心於功名，其所作奉贈韋左丞丈二十二韻爲最好的代表。殆遭逢大亂，生活詩風，都大受影響。自己備嘗艱苦，因此所敍述的，都是社會的黑暗面，戰爭的惡影響。這期作品的特徵，都吟咏生活的，或內心的苦痛。

他本來是個熱心人物，對於骨肉是不用講了，就是遭難的不相干的庶民及無情的草木，亦多一往情深，所以晚年卜居成都時的作品，特多悠悠之思，便是晚年期作品的特徵。

李杜的優劣，從來論者甚多，却無定見。原來兩人的性格，境遇，各自不同，作風亦皆有別，原不可相提並論。李是天才的詩人，豪放磊落，常放吟自然，脫盡俗氣，頗帶道家的色彩。杜是修養的詩人，雄峻沈鬱，常慷慨激昂，憤嘆時事，總不離儒家的思想。李詩以氣勢見勝，杜詩篤於情誼。前者以天授之才，發爲絕句，後者則得力於古詩。李詩中少有七律，杜詩中少有七絕。李詩難學，杜詩易學難達。如以給予後世的詩界影響而論，杜大於李。元白等長慶年間的詩人，學杜的人很多。

李杜以外，盛唐詩人，在數量上亦不勝枚舉。其中汲六朝陶潛謝靈運之流的，先有王維，次有孟浩然儲光羲元結常建等諸人。維字摩詰，官至尙書右丞，因此又稱王右丞。他除了善做詩以外，又善作畫，所以常常以詩人的眼光來作畫，以畫家的眼光來作詩，曾得「詩中有畫，畫中有詩」之佳評。他又歸依佛教，其影響亦見於詩中，所作渭城曲一篇，尤膾炙人口。孟浩然，襄陽人，一生放浪，相傳因「不才明主棄，多病故人疎」二句，得罪玄宗，遂絕意仕途。他的詩風，頗與王維相似，因此王孟併稱。評者以爲他的山水詩中，多有訴說自己胸臆之處。儲光羲的詩，佳句獨多，據說看他的一句，勝讀全篇。

此外，尙有岑參高適，詩中多詠征旅的離別之情，評論家稱之爲邊塞詩人，這是當時內亂外患的結果。

他們都是在邊疆上做官的，將眼見的社會痛苦，赤裸裸地描寫出來，在當時已經頗受旁人的贊美。高適字達夫，官至左散騎常侍，因此亦稱高常侍。他求學甚晚，性情磊落，雖詠他人的苦痛，但自己却並非不遇。岑參曾爲嘉州刺史，因稱岑嘉州。歌詠塞外的疾苦，比高適更勝一籌。王昌齡王翰王之渙李欣等，亦屬此類。

中唐初期，盛唐的詩人，猶多健在。在政治上承天寶的餘弊，國力虧虛，但求苟安無事，詩壇亦不景氣，不外前期的延長。在大曆年間，約有十人以詩名聞於世，有大曆十才子之目。至於十人的名字，諸說不一，其中稍稍值得一提的，有錢起韓翃李嘉佑李益等諸人。杜甫的影響，在元和長慶年間開始明顯起來，其時唐詩的傾向，漸漸有了變化。

唐詩的格律，到了沈宋手裏，開始整頓，到盛唐而躍進一大步，具備種種詩風的大家，一時並出，發展已達到極點。再進一步，便要在別方面尋出路了。這時最先着眼於此的詩人，是顧況。顧生性好詼謔，不諧於世俗，獨立特行的風格，也表現在詩篇之中。他不顧其他詩人的嘲笑，好將俚語方言，嵌入詩中，傳說故事，亦採入詩中。他一生因生性及詩格的關係，不遇而死。他的詩風，後來到元白手中，才開花結實。在採入俚語一點，比他還進一步。

白居易自幼善詩，爲顧況所賞識，進士及第後，爲中央官吏，嗣貶爲江州司馬，曾一度返至都城，不久，又出爲杭州刺史，迨二次入都，爲刑部尙書，遂致仕，號香山居士，歸依佛門。他的詩中，多少帶有儒教色彩，至晚年才傾向佛教。善五言古詩，巧於諷諭。他作詩時，極力使它平易相傳，每成一詩，必令一老婆試解，解得通的，才公於世，解不通的便重加修改。他又好以時事入詩，這可以說是受了杜甫歌詠社會黑暗面的間接影響。他兼學李杜，自己提唱詩經時代的艱難理論，但是當時及後世的人，都重視他表面平易的詩歌，諷諭詩中的新樂府，秦中吟，長篇敘事詩中的長恨歌琵琶行，都古今傳誦。他的詩流傳甚速，當他生時，已遍傳遐邇。

與白居易同時並稱爲元白的元稹（微之）多作宮體豔詩，當時就有元輕白俗之譏。他與白居易極友善，因受白的影響，亦有同情平民的詩。與元白同屬一派的，尙有劉禹錫（夢得）張籍（文昌）二人，劉詩好用平易語一點，與樂天相似，尤多模擬民謠之作。張詩多寫社會的疾苦，尤同情於婦女的疾苦

與元白的平易之詩相對照的，有韓愈孟郊一派，以奇警見稱。韓愈本以古文出名，底下別有介紹。但要而言之，古文總不外是模倣的作品，因此今日的新人，對於他的評價，反而重在他富於創作性的詩。一方面他對於六朝競奔聲律之末與運用香豔句的風氣表示反對，自己以散文的方法來作詩，遂有押韻的古文之評。所學亦爲杜詩，善作長篇。據說宋代的詩風，是發源於他的。孟郊（東野）是韓愈的知友，年五十而始及第於進士，一生常在貧困之中，可謂不遇的詩人。賈島（浪仙）亦此派中人，曾一度歸依佛門，後復還俗，

考取進士。世有「郊寒島瘦」之評，可以令人想見孟賈的苦吟。此外，尙有盧仝（號玉川子）亦此派中人。這三人的作品，皆爲韓愈所欣賞。

追摹盛唐王孟的遺風，專事歌詠山水的，有柳宗元韋應物兩人。在他們的詩中，都有受陶淵明影響的痕跡。柳宗元（子厚）除了善詩外，在古文上與韓愈齊名，世稱韓柳。劉長卿也歌詠自然，有不少的短篇佳作留傳，不得不列於這一派中。

中唐的詩壇上，還有天才詩人李賀（長吉）以廿七歲的短命而死。他提起筆來，就能作成美句，整理過後，合起來便成爲一篇。作詩嘔出心血，極費苦心，與白樂天的平易一派，完全相反。

女流詩人中，有蜀妓薛濤本爲良家子女，其後零落，乃投入花柳界中，與白居易元稹等詩人相往來，受他們的影響，一生生涯，富有藝術意味。

唐代政治上的國威，到了晚唐已完全衰落，文人靠文字得官的途徑已閉塞，僅詠詩度日，以自安慰。因此詩文完全失去了對於他人的作用，作品都以自己爲本位。達意已經不是做詩的必要條件，無須再像白樂天那樣力求他人的理解。結果這一期的詩風，競事纖麗技巧，吟風弄月，使人想到六朝詩風的再現。其中的代表作家是溫庭筠李商隱當然像温李那樣以美爲主眼的詩風，在中唐時早已存在了。李賀是一個例子，王建張籍又是一例。張王的詩句中，多歌詠婦女的疾苦，與白詩一派相通，既如前述，但是賀的詩句，决沒有白詩那樣易於了解了。王張的詩風，宛如齊梁時詩風的復活，可以用得上豔麗的評語。由此再一轉，完全與元白的態度相反，所作的詩故意使人不懂寓意，在簡單的詩題中，專事雕琢美麗的詩句，但求滿足自己而已。温李的詩風，就是如此。

李商隱（義山）號玉溪子，長於七絕七律。他的詩中，多借重自然，烘托自己的心情。因此後人將他的詩句，作爲種種解釋，簡直如猜謎一般。又他的詩題，也很費解，所謂無題詩，大抵都是戀愛詩，贈與情婦作品的表面上說落花垂柳蝴蝶等事物，技術極巧妙，多用故事熟語，難以解釋的地方很多。

温庭筠（飛卿）的詩，比李更豔麗，更輕薄，甚爲有道之士所不取。温李之詩體一出，詩風爲之一變，宋初西崑體的源流，就出於這派。並世的詩人，尚有韓偓吳融，而韓詩中往往有感慨國事的一面。

接近温李一派而又不完全相同的，尚有皮日休陸龜蒙的詠物詩，日休字襲美，作詩頗受李白的影響。龜蒙字魯望，與日休齊名，二人唱酬之作甚多。

温李一派之外，尚有杜牧之，一稱樊川，又稱小杜，詩學大杜，別樹一幟，顯然受前期人的影響，詩風很有與元白類似之處。

胡曾唐末人，詠史的作品居多，在宋元時，很有一部分人愛讀，在明代的歷史小說中，亦常常引用，語多平易可喜。

女流中有魚玄機，頗有文才，先做人妾，繼爲女冠，因鞭笞女童而被殺，可謂一生數奇。當時與各名士相往來，遂聞名於當世。

從來中國的文學史，都是根據道德觀念，而非審美觀念，因此這時又有古文復興運動。六朝的駢文，本來是依據文學藝術觀的現象之一，但是駢文不便於達意，尤其不適於說理，單以表現而論，亦有不便之處，因此，在六朝時駢文已不能推行於北方。隋文帝曾下令禁止。唐初，陳子昂已先在詩界提倡復古運動，所以散文方面，有復古運動出現，也是很自然的。當時有吳富體，燕許大手筆之稱，前者指吳少微富嘉謨二人的作品，後者則指燕國公張說，許國公蘇頲的作品，已漸有這種傾向；盛唐時有蕭穎士李華獨孤及元結等，亦有同樣的傾向，但尚不至引起革命的風浪。

利用復古的氣運，集復古運動之大成的，有韓愈。他自信之念甚堅強，有自我宣傳的色彩，努力提倡以儒教爲中心的理論，以孟子以後道統繼任者自任，展開文起八代之衰的大運動。他的名字之所以特別流傳與後世者，因爲他使詩文與儒教結不解之緣，頗爲後世儒教所重。

與韓愈同一流的文學家，有柳宗元。他的才華，不及韓愈給予後世的影響也比較少生活經驗，也沒有韓愈那樣豐富，惟於山水遊記，却爲古今獨步。易言之，韓之所長在論理，而柳之所長却在敍事。

韓柳之後，自皇甫湜李翺來無擇孫樵等，但既無如韓柳的文才，而政治情形，亦江河日下，當局已無暇顧及文事，文人的活動，耽於遊戲三昧，復古運動爲之一挫。

文言的短篇小說在唐代是極盛期。以內容論，却總是千篇一律的戀愛談，妖怪談，或則爲反映當時風尙的武勇傳，缺乏新奇。這種小說體裁，別名傳奇，意即傳流奇異之事物，據云有對正統的古文表示反抗之意。唐代的社會情態，間接可以從小說方面來窺測，比直接從修飾過的正史或古文方面來看，或則更爲正確。唐代小說中所寫的故事，很多在元明被取作戲曲的題材，所以從對後世的影響來看，唐傳奇在文藝史上亦自有其特殊的地位。

在六朝之際，文言的短篇小說，已有相當根基，到了唐代，遂發展傳奇小說，天寶以後的世情，本身就是一幕戲。尤其自國威衰頹以來，文人對於榮達之途已完全絕望，不得已祇有借重小說來消遣暇日，聊以自慰，並記錄一些自己的體驗話罷了。同時，古文的復興運動也成一個有力的推進因素。

初期的作品，多錄怪談，其中如王度的古鏡記，敍述六朝以來所傳的古鏡的神祕，如無名氏所補江總的一篇白猿傳，是寓意之作。其後沈既濟的枕中記，敍邯鄲的一夢，內述通曉神仙術的道士呂翁，在邯鄲逆旅中，認識一位不遇於世的盧生，因以所攜的枕借之，盧生遂得遊於榮達的夢境中，睡醒以後，乃徹悟人生之虛空。同作者又曾作過任氏傳一篇，內記鄭某曾與妖狐化身的任氏女性同居，其後任氏被獵狗咬死，鄭某乃爲之厚葬的故事。此外李公佐有南柯記一篇，中記俠士淳于棼，醉夢之中，爲紫衣使者所誘，進入一古槐穴中，爲槐安國王的女婿，任南柯太守，後因戰敗，並妻子的死亡，常鬱鬱不得志，國王遂令其返於人間，於是夢醒，回憶夢中的經過，再細看槐下羣蟻的活動，恍然而悟，嗣又悉酒友凋零，因戒絕飲酒，信服道教，不久淳本人亦病歿。這二篇的作者沈李二人，都是中唐人。當時道教漸盛，亂後失意的文人，往往將榮華的世界，比成一夢，聊以自慰的狀態，這兩篇小說中表現得很好。

戀愛小說中，最先發現的作品，首推張鷟的遊仙窟，在中國早已失傳，而反流行於日本，近年方轉輸入中國，內記作者奉命出使至黃河上流的仙境，一夜宿於名門後裔的十娘五嫂家，以詩文相贈答，得遂歡會之願，這種結構，對於後世的小說，顯然有很大的影響。

大曆以後，絡續出現的戀愛小說中，最有名的，首推元稹的鶯鶯傳，即會眞記。內記貞元中，一個名張生的青年，因救濟了寄宿於蒲州普救寺中的寡婦崔氏的家難，因侍婢紅娘之介，得見其女鶯鶯，初時表面上遭拒絕，但結果仍如願以償。嗣因張生赴長安投考，遂分別婚嫁。後來，張生曾設法求再見，崔賦詩拒之。這個故事，後來成為西廂記的藍本，劇中把悲慘的結局，改變成團圓。

以創作的價值而論，蔣防的霍小玉傳允推第一。內述長安名妓霍小玉，初為詩人李益所愛，嗣遭棄置，變成憂悶之疾，典賣器物度日，一時成為都中談資，風流之士，咸欽玉的多情，而豪傑之士，則憤益的薄誼。陽春三月，李益正與朋友在崇敬寺吟賞牡丹時，為一黃衫俠士，誘至霍小玉家，而玉恰於前一夕夢見黃衣之士，抱來李益所脫之鞋，知為與李益再會死別的豫兆，因強施化粧，等待李來。這日李果偕黃衣之士而來，玉對之大放怨言，以左手緊握李益之臂，擲杯於地，慟哭而死。益自知其非，乃厚葬小玉，但後來益因玉作祟，妻為之猜忌離婚，此後曾三度再娶，統不得團圓，內容複雜，情節離奇，中間復穿插男女之情，是很妙的作品。

李娃傳相傳為白樂天之弟白行簡所作，內述常州刺史之子，因投考赴長安，溺愛名妓李娃，金銀耗盡以後，遂為娃母所逐，流落而為葬儀館歌手。其父知後，怒而笞之，因為乞丐度日。某日雪朝，偶立娃的門前，娃見之而動憐憫之情，因自蠲資養之，使之奮志讀書，遂為公開之夫婦。這一篇中，把文人理想中的俠妓，放埒不羈的文人生活，自然流露於筆端。

許堯佐的柳氏傳（章台柳傳）是記詩人韓翃得友人之姬柳氏，在天寶之亂中，曾一度分離，柳氏為蕃將沙吒利所奪，因藉俠士許俊之力，復得團聚。

文人不遇，是天寶之亂的結果。陳鴻的長恨歌傳，記述玄宗與楊貴妃的戀愛小說，首述貴妃如何入宮，中述祿山叛亂，結局述派方士至仙山尋覓貴妃之魂，回來報告上皇，後不久上皇即薨。

神怪的故事小說，有柳毅傳，湘中怨解，離魂記，周秦行記，李章武傳等。前二者述靑年與龍女的戀愛故事。其中龍女傳情節尤複雜，考試落第的柳毅在歸鄉途上，將洞庭龍女受翁姑虐待的苦楚，報告洞庭，博得龍王的歡喜，送還人間，其後得與龍女的化身結婚，極享人間的榮華，內容極複雜離奇，相傳作者爲李朝威。陳玄度的離魂記，敍王宙其人，與淸河張倩娘有婚約，嗣因恨其破約，乃託事上京，而倩郎之魂，竟脫離置於家中的身體，追逐王宙同逃入蜀，生二子後，重還家中，與病床中的本體合而爲一。故事的全部，特別強調情的魔力。但是這也有藍本，並非完全出於作者的創意。

韋瓘的周秦行記，內述落第的進士牛僧儒，偶宿於鳴泉山下的大宅中，因與漢以來的后妃姬妾數人相歡會，其中一夜，乃在昭君院中。實則所宿的大宅爲一廟宇。李章武傳爲李景亮所撰，內言李章武嘗訪曾一與同居的女子，發現他已死去，深嘆幽明境隔。是夜遂宿於故宅之中，枕畔發現美女來謝舊情，並以寶玉見贈，很可看出文人苦憶薄命佳人的筆鋒。

唐自中葉以後，因內外的爭亂與藩鎮的專橫，人民頗受塗炭之苦。因此文人的理想，希望有俠士出現，遂描寫之於小說之中，有時更描寫女的俠客，使向來認爲弱者的女流之中，偏有男性所難的強韌性格，使人益發稱快。又在小說之中，時時可看出道教佛教的影響。

薛調的劉無雙傳，言俠士古押衙因欲守某種祕密而自殺。袁郊的紅線傳，內言節度使薛嵩之婢紅線爲了主人，馳赴敵對的節度使田承嗣處，盜取枕畔的金盒事。杜光庭的虬髯客傳，言李靖微賤事，與司空楊素之侍姬紅拂私奔事。裴鉶的崑崙奴傳，述某馬萊人的俠氣。聶隱娘則敘女俠的一生。

唐代的小說雖短，但頗能表現當時的社會。同時與外國往來的影響，也直接間接地可以看出了。

民間文藝，從來在文學史中並無地位，在文獻之中，也沒有作品流傳。惟有流行於沅湘之間的民謠，所謂竹枝詞者，遺傳於世，後來一轉，成爲文人劉禹錫等所模倣的作品。詞也是發端於民謠，經過文人之手才完成的。舊唐書韋臯傳中，載有民間戲中所唱的一種混入俗語的歌謠，稱爲得體歌。因此，足見民間的文藝，早已很發達，不過向來不爲文人所重視，不列入正式的文學史中，不得不求之於文藝以外的記錄中了。敦煌石室所發現的文獻之中，已經有竹枝子，柳青娘，漁歌子等俗曲，看其內容，宛如今日所流行於南北各地的嘆五更，孟姜女，十二時俚謠。這類作品，大部份不知年代，從內容上來觀察，大概完成於唐末五代至宋初一時期內，因爲便宜起見，才概括在這一章內。程度稍高的敍事詩中，有孝子董永季布歌等。還有一種更重要的作品，稱爲變文，是一種可以話說的散文與韻文之混合體。所謂變文者，本是曼荼羅的銘文，專述佛典故事，以後變成民間傳說。更一轉而成爲宋代的講說，以後伴着做工，加上拌裝，成爲戲曲，書寫下來，印刷成書，便成爲小說。現在的變文，從內容與書體上來看，可上遡至盛唐。

流傳甚廣的孝子目蓮言其入地獄救母，當爲唐代的作品，一轉而有列國志明妃及舜子至孝的變文。其中列國志的變文，是述春秋時代，伍子胥的故事，明妃變文，沒有首段，敍述明妃途中病歿，單于祭祀，以及漢哀帝遣使楊少徵弔妃於青塚的故事。舜子至孝的變文，述舜父母對舜的殘酷，與舜的孝行。明妃變文中，常提到隋唐之際的各地名國名，突厥的位置，甚與唐初時的地位名稱相近，因此，可斷定爲唐代的作品。舜子至孝的變文，是五代時書寫的，因爲中述舜在書齋中所讀的書本，是唐代初學的課程，當是唐代的作品。這類作品，都與佛家因果報應之說相結合；當以下層民衆與兒童爲對象。

除了上述的佛教故事，歷史故事以外，還有一種茶酒論，內容甚爲奇異，即茶與酒互誇自己的效能，最後由水出面調解，言歸於好。本書的形式，押韻，夾用四六句。內容方面，顯然可看出佛教的影響中多佛典的故事，逐漸化成民間的普遍傳說，過程歷歷可數。

白話小說，有唐太宗入冥記，秋胡小說等，前者述太宗在冥國巡行的故事，是初期作品。後者爲秋胡得母之許，新婚中匆匆別其妻，出外遊學，三年以後，精通九經，遂仕於魏，其妻守於家中的故事。因秋胡所攜書籍中多唐代士君子必讀之物，其中孝經一書，置於各書之首，爲玄宗以後的唐代學風，故可斷爲唐代的作品。

這類文藝作品，無論在內容上，形式上，所給予後世戲曲上的影響很大，所以在文藝上的價値，斷不容忽視。

（八）宋元的文藝

中國古來的貴族階級，到了隋唐以後，逐漸崩潰，代之而起的平民階級，却逐漸抬頭。宋代受此影響，天子採取文治主義，愛好學藝，奬勵學者，平民入仕途門徑大開，遂都以此爲手段，熱心研究文藝。古文復興的機運，到此才成熟實現。唐代因爲一般工商業的發達，民生優裕，所以民間的文藝，特別發達。宋代承唐朝的餘風，戲曲小說，甚爲流行，白話文學，逐漸抬頭。古文到了元朝，實際上已強弩之末，而戲曲小說之類，應運而生，後來又因都市的發展，愈益進步。

宋元的古文，都模仿古代作者，缺乏文藝的價値。但因它與學術有關，不能棄置不顧，因此在這裏略予介紹，駢文也附記在內。

唐代的古文復興運動，韓柳以後，因爲沒有好的繼承者，加以自唐末至五代，政界混亂，文人受其影響，耽於遊戲三昧，信筆所至，皆非覃思精構，有不顧內容，偏重形式的弊風。自五代至宋初，詩文俱宗溫李之體，從楊億劉筠算起，一直到宋初的文人，都祇知襲李商隱的外貌，攞引故事，吟詠風月，浮華侈靡之風，達於極點。這派人唱和的詩集，稱西崑酬唱集，俗稱西崑體。

本來古文及儒教的隆替，都根據其原有的性質，及實際的需要，與政界的治亂又輒相呼應。宋代盛時，五代的黑暗情形完全消失了，因此復古運動又抬頭，像歐陽修那樣的大才，便在這時出現，後又得良好的後繼者，所以很能鼎盛一時，不像唐代那樣曇花一現了。歐的先輩有柳開王禹偁李覯穆修蘇舜欽尹洙等，其後輩更濟濟多士，成績斐然。至於古文運動之所以能宋代特別得勢者，因爲宋室的政策，不在對外擴張勢力，而以儒教爲中心，側重內治，且古文派主張，與宋學相一致，不僅爲駢文流行的反動現象而已。

宋初散文界的狀態，與唐初相仿，一般士人都習熟駢文的技巧，積習成自然，無復認爲高異。開山祖爲柳開，自名肩愈，私淑韓柳，字紹元，一字仲塗，在其名字中已含有開聖道之塗之意。因爲是首作嘗試的人，有文體不暢達之評，也是很自然的道理。

歐陽修（永叔）廬陵人，初時依從流俗，習爲駢文。後從尹洙學古文，知雕琢之無用，乃提倡古文，遂以古文成名。修天資英邁，刻苦精勵，學問該博，作文時以達意爲主旨，多論世務。他除了具有文學天才以外，在政治上的地位，也足能影響當世，使古文隆盛。他又用自己所主張的古文，改編唐書及五代史，成新唐書新五代史。他又好金石學，集金石學的大成，蒐集先秦以來的金石文，成集古錄一書。

在歐陽修以後出來的古文大家，有南豐曾鞏，臨川王安石，眉山的三蘇（洵軾轍）遂使古文運動，勢力益大，上述五人外，再加上歐陽修，及唐代的韓柳二子，稱爲唐宋古文八大家。

曾鞏（子固）爲歐所欣賞，其作品亦模仿歐氏，但不及歐氏，在諸大家之中亦未免最弱。但明代的歸有光，清代的方苞等，都很愛好。曾的好處在穩健，與此相對照的有王安石的遒勁。安石字介甫，在經義方面作新義，在政治方面行新法，尊新之風在文字中自然流露出來，不屑單學古文，受古束縛。三蘇之中，詩名以軾（東坡）爲最盛，古文則推其父洵（老泉）。洵長於議論，學孟子。轍（潁濱）文不及其父，詩不及其兄，作品之中，佛家的影響隨處流露。

與歐同時的作家，還有宋祁，參預唐書的編纂。此外又有范仲淹（文正公），司馬光，自作主宰，匯集古今的歷史，作成資治通鑑，書中所用，多爲古文，因此他也可以認爲一個古文的作家。在他的書中，蹈襲前代史書的文章處不少。

東坡的門下，有晁補之，張耒等。到了南宋的散文界，理學者的所謂語錄體，與慷慨激昂的作品作家，都很多。理學作家中崢崢的名家，有朱熹（晦菴），呂祖謙（康萊），葉適（夢得）等。慷慨激昂的作家，北宋已有，入南宋後尤多。當時國威不振，對於北方的強敵，祇採姑息的手段，但求無事，以度苟安的日子。愛國之士，不忍緘默，因成悲憤激越之詞，以攻擊爲政者之非。其中如謝枋得（叠山），胡詮（澹菴）等最爲有名。

駢文作家，在宋代有上述的楊億劉筠等先輩。編纂太平御覽太平廣記文苑英華大部書籍的李昉也是駢文作家之一。科舉的文體，當時稱爲時文也成了一種定型，尚聲律，重對偶，顯然是受了駢文的影響。然而歐陽修起後，曾一度變更文體，其後駢文有趨於散文化的現象。但是南宋時，此風復熾，下述的楊萬里等詩人都染此習。這時駢文稱爲四六體，有李劉（梅亭）方岳（秋崖）等，皆是四六作家中的錚錚者。南宋的四六體作家雖多，但是傑出的作品却很少。

金元的古文十分不振，沒有傑出的大家，金祗有趙秉文（閒公）勉強成家。元的作者，都是理學家，如許衡（魯齋）劉因（靜修）姚燧（牧菴）吳澄（草廬）金履祥等，皆善作文。門下也很多能文之士。其中以吳門的虞集（道園）最爲出名。其次，便要推歐陽玄吳萊黃溍柳貫揭傒斯等。虞集的弟子中有薩都拉（天錫）集合元人的作品，編成國朝文類，知名於後世。

宋元散文界的大勢，既如上述。從文體上看，文人競事技巧之末的風氣，稍稍減殺了，漸漸地傾向於實用一途。例如上表奏議劄子之類政治上實際應用的文字以及公私尺牘，很多傳流於後世的。這類政治上的文字，漸漸雜用白話文。同時，佛教爲了宣傳，也都以白話文爲工具，儒者模倣佛家，編纂語錄，往往以祖師及前輩的言行，如實記下，便成爲語錄，自然地使用言文一致體。同時印刷術的發達，也有影響，恐怕當時的對民衆布告，也已很通行，在實際運用上，促成白話文的發達。佛教與道教，對於文學內容方面，都有顯著的影響。

到了金元時，白話文更發達了，實用的文字，亦多採用，自宋末至元，科舉應試用的書籍，卽相當於今日百科全書式的類書編纂改訂的很多，試看此中的文例，便可明白。白話的戲曲小說，也大見流行。原來金元的君主，都是關外的異族，爲欲統治中國，非與中國人接觸不可，要接觸中國人，了解中國文化，自然先從淺易的白話文入手。因此碑文與官牘公文之中，也有白話文攙入，白話文的勢力，於此可知了。

另一方面，應付考試，限用古文。延祐年中，考試更以法律規定，日趨嚴格。王充耘的書義矜式出來後，有所謂八比也者，從此應試文的結構，差不多有了定式。

宋代的詩，在質在量方面，本來都趕不上唐詩。但亦自有特點，不單是摹倣唐詩。以體裁講，近體詩到唐代已完成，再沒有什麽發展的餘地，但在取材用辭方面，卻充滿清新之氣，在文藝作品方面，價值遠在古文以上，古人有唐詩宋文之說，今已不通用。

關於宋初詩壇的西崑體，已在上面講述過。以後風氣一轉，有人從事學習盛唐中唐的詩風，到了所謂江西派時代，勢力大盛。因爲過於重視字句的奇警，其反動，遂有永嘉四靈派及江湖派出現。在這三派以外，獨立一門戶的有理學家的詩及慷慨激昂的詩家。其中初期甚盛的西崑派，中葉以後甚盛的江西派，都太拘泥於字句，是共同的弊病。由於重視唐詩言外之意的緣故，因此宋詩之中頗有妙句。以下略略敍述宋代的詩界。

西崑體在流行的當初，已有能詩的禪僧，不願參與其列。因此，勢力微細，於此可知了，殊不足多道。其後王禹偁林逋等出現，王學李杜，又倣白樂天，林喜晚唐，但不流於雕琢，當是西崑體的反動。林隱於西湖的孤山，好詠梅，在詠風景的作品中也很多妙品。宋眞宗曾派員存問其起居，死後，賜謚和靖先生。稍後有梅堯臣（聖俞）蘇舜卿（子美）皆爲歐陽修所欣賞。歐的出現，在詩界也有很顯著的影響，西崑體到了他的時候，才完全墜地。王安石在詩中，好詠他人所不詠之物，晚年的作品，尤爲人所稱道。古文大家除了曾鞏以外，誰都能詩，其中東坡的天才，尤冠於儕輩。他多才多藝，詩詞散文無不佳妙，而於詩尤傑出。從多方面取材，形容極不單調，在宋代詩人中，應居第一位。影響所及亦甚大，很顯著受他影響的，有所謂蘇門四學士，即黃庭堅秦觀張耒晁補之等四人，此外再加上陳師道李廌，稱蘇門六君子，在這六人中，黃庭堅與陳師道最有名。

所謂江西詩派，就是以黃庭堅（魯直山谷老人）陳師道（無己後山居士）爲開山祖。所謂江西詩派的名稱，起源於呂本中（居仁）的江西詩社宗派圖，他列舉模倣山谷的詩人二十五家，把自己的名字，也列於關末，後遂有江西派之稱。山谷的詩，以新穎爲主，不用古人的詞句，努力創造於前人所未經道者。他在天才方面，趕不上蘇東坡，而對於後世的影響，却遠在東坡之上。在宋代的詩人中，黃與東坡的詩集，板本注釋皆最多。后山的詩全學山谷，宋代甚至合刊兩家的集子，稱爲黃陳詩集，二家不可分離的關係，由此可知。黃陳以降，江西派的勢力漸盛，凌駕往時的西崑派，風靡南宋的詩台。這派作家雖然也好弄文辭，但並不借以作爲應酬的工具，也並沒有什麼目的，祇是一身傾倒於詩完全忘記他事，入於無我的境界。因此，如得佳句，便丟絕俗務，甚至連親族多可以不顧，眞有徹悟詩境之感。相傳后山在外，忽得詩句，便奔回家中，偃臥沉吟。因爲厭聞人聲，如厭病一般，家人亦深知其習性，爲之盡逐犬貓，連孩子都託付於鄰家，俾他能安靜思索。實際上，除詩以外不復知有其他，可以說完全是藝術家的風度。然而到了末流，便發現流弊，祇知賣弄奇異，澀晦不復成句。南渡之際，有陳與義（簡齋）繼黃陳之後，學大杜，繼承江西派，殆至宋末元初有方回，其人者，著瀛奎律髓，立江西派一祖三宗之說，所謂一祖是指大杜，三宗乃指黃與二陳。

其後的詩人，有陸游范大成楊萬里等三人，也承繼江西派的餘緒，其中陸游（夢觀放翁）的詩，稱南宋第一，作品之多，也是古今有數的人。他的詩風，跟着環境變化，初學李杜，詩多雅正，中年從軍，多豪放，晚年家居，恬淡寡慾，嘆惜國事之日非，詩中充滿愛國的熱情，敍述田園的野趣，篇中充滿素樸意味。范大成的詩中，多敍述山童村女田園的情景，描述頗巧。楊萬里（誠齋）的詩，亦多詠田野的景色，抒情詩亦復不少。晚年自成一派，稱誠齋體。尤袤（延之）略與此三人同時，作品遺傳的很少。

江西派獨霸詩壇的時候，有與此相對抗的一派，稱爲永嘉四靈，以晚唐爲標榜。所謂四靈，是徐照（後字靈暉）徐璣（後字靈淵）翁卷（靈舒）趙師秀（後字靈秀）等四人，皆永嘉籍，後來多以靈字改作號的第一字，故有此名。這派的長處，在於五言近體，因爲與江西派的詩相對抗而起，所以盡量避免難句，全體皆有流利之稱。同時民間也有一部分人厭惡江西派的艱澀，創出一種江西派與四靈派合流的體裁，臨安著名的書賈陳起，把這派的詩人的作品，彙集在一起，編成一書，稱爲江湖羣賢小集，因有江湖派之名。在詩中，理學者與愛國之士，都有特殊的成績，不能不予以特別看待。理學家戒作無用之文，認爲文是載道的工具，因此在他們看來，作詩不過是一種餘技，率直地吐露思想罷了，因此競奔說理一途，很有許多作品，根本就不像詩。這派詩人中，北宋有邵雍，大膽地詠述思想，頗有禪味，南宋的大儒朱熹，長於五古，這二位大家，簡直可以看做詩人。慷慨激昂的作家有文天祥（文山）謝翺（晞髮子）宋亡以後，或則自殺，或則隱遁，愛國的情緒，特別濃烈，流露在他的作品中。

遼的詩中，沒有可觀的作品，近來有人輯集遼的遺文，流布於世，但是能與宋的詩人比肩的作品，一個人也沒有。金的詩人，有趙秉文王若虛兩個，稍稍有名，到了末葉，有元好問（遺山）最爲有名，他所編的中州集是金人韻文的總集，他的影響，及於元朝。

元的詩壇，祇有宋金的遺老，其中趙孟頫（子昂）宋室人，投降於元，以詩畫著名，稍後有虞集（伯生）楊載（仲弘）范梈（德機）揭傒斯（曼碩）等稱四大家。其外尚有蒙古人薩都拉道士張雨，到了元末，有楊維楨最爲知名，在他們的作品中，間用俗語。

元末的詩壇，作家並不特別少，不過傑出的人很少。而詩與畫在藝術上打成一片的觀念，却在這時呈一種新的氣象，如趙孟頫便是一例，元末的倪瓚（雲林）也是屬於這一類，這一派意見在明末的吳中詩人間甚爲盛行，影響清朝的詩書畫一致論。

宋代的詩與散文，都已敍過。但是宋代最傑出的文藝作品是詞。詞是一種新體的韻文，在唐代早已開花，在五代那樣黑闇時代，惟有詞有長足的進步，作家作品兩都不少，一看當時所編纂的花間集便可知大概。當時的文學中心，一在西蜀，一在南唐，前者有韋莊，後者有後主李煜馮延己等，都很著名。李煜以南唐君主的身分，投降於宋，備受屈辱，所以晚年的作品，眞可謂充滿血淚；他的前期作品，和馮延己的相彷，很多詠閨情的作品。宋詞可分爲南北二派，南派婉約，北派豪放。又依作品的長短，可分爲小令中調長詞之類。

北宋之初詞人有晏殊范仲淹歐陽修等，都可看作花間派的延長，因此多長調新作，但到了柳永蘇軾黃庭堅秦觀出現後，便可分為南北二派，柳代表南派，蘇代表北派。柳耆卿的詩最平俗，充分發揮詞的本質，最為流行。北宋末年有深通音律的周邦彥出現，音調整正，情旨濃厚，南派因之生色不少。這時，又有徽宗及李清照（易安）二家，李是金石家趙明誠的妻子，在靖康之亂中，失去了家產，不久，又遭遇丈夫的病死，詞中令人思及女性的悲慘之狀。南宋的詞壇，先有辛棄疾張孝祥陸游等，辛是北派的復興者，張詞自然，陸詞豪放。後來到了少康時代，南派再度繁榮，重音律，以姜夔（白石）為始，有高觀國吳文英史達祖等諸家。末期當國家多事之秋，詞人不再歌詠慷慨之情了，完全沈滯，令人有強弩之末之感。知名之士有周密張炎王沂孫等。

以上所述的宋詞，是很簡單的。其實詞在唐代是民間的文學，但到了五代，已經是文人的東西了，其後，由歌妓來傳播詠唱，因此，好用豔句俗語。北宋是其黃金時代，到了南宋，重視其音律部分，殆至末葉，遂失生氣，成了文人的玩具，從此衰落，連歌唱之法都不傳於後世。這裏新的民間文學戲曲，遂代之而起。

還有一事，也須一提，就是起源於六朝，到了唐代曾一度中絕的文學評論，宋代又興起了。宋人的詩文評，都以詩話之名出現。歐陽修司馬光皆有詩話之作，到了南宋，此風更盛，不過詩話之名，都已改成隨筆體，無復成有系統的書籍。其中嚴羽的滄浪詩話有他自己一貫的文學論，因此特別著名，重視才情，反對賣弄玄奇。其中並不用詩話之名而事實上也是一部詩話的書籍，有胡仔的漁隱叢話魏慶之的詩人玉屑都很有名。到了元代，詩話很少但仍有二三種有系統的作品。

前章所提起過的敦煌石室中還發現一種俗文學，這在中國，本來固有類似的東西內容方面或則更美些。這類作品之中，備有角色，做工，再加上裝扮的便成戲曲。單記故事，使人誦讀的便是小說。

關於民衆娛樂方面，比較低級趣味的文獻，中國本來很少，惟獨在宋代，卻特別豐富。孟元老的東京夢華錄其中在卷五京瓦伎藝項下，記述北宋末年汴京的狀況尤詳。耐得翁的都城紀勝中，有瓦舍衆伎；吳自牧的夢粱錄的卷二十中，有小說講經史；周密的武林舊事卷六中有諸色伎藝人各條；都是紀述南宋臨安的情形。其中與小說有關的東西，除了直名爲小說以外，又有講史，說經，合生等名字。小說一名銀字兒，據說這原是樂器的名字本來用以伴奏的；近來孫楷第的說法，以爲銀字是指聚合在一起的聽衆，二說不知孰是。講史本來是歷史的講釋，今在華北熱鬧場所盛行的說書，大概相類，殆至明代萬曆年間所盛行的歷史小說，就淵源於此。說經又名抹香臭，大概是敦煌石室中所發現的變文與小說講史間的中間階梯。合生不甚了解，大概是二人以上合演的故事，毋寧說與戲曲關係最深。或則是今日北方所盛行的相聲，就是這類。

在這類總稱爲藝人說書人所根據的本子中，也可以間接地看出當時情形。這些本子總稱爲話本，其中大唐三藏法師取經記的宋刻本最爲可信，內容與大唐三藏取經詩話相同，衹是後者誤謬較少，但仍有脫漏之處，這是有名的小說西遊記的藍本，全書共分十七節，與後世的章回小說相仿，這是分章節小說的最古的本子。文體純粹是白話。根據近人的研究，西遊記的傳說，是以印度的故事與中國的史實傳說揉合而成，主人公悟空，是印度史詩剌麻亞拉中哈奴曼的化身。再在悟空偸桃的故事上，添加枝葉，成爲鬧天宮一節。取經途上所經歷的苦難，也是許多獨立的故事所聯串起來的。以下所要提及的太平廣記上，已有途中的傳說。現存的取經詩話中，已有猴行者（孫悟空）變成白衣秀才的模樣，出現於三藏之前的一段傳說。行者嘗偸食王母池畔的仙桃，其中小說裏的沙和尙以深沙神之名出現，但還不是三藏的弟子，而猪八戒之名，亦未見提及。途中的八十一難，規模還小，因有大梵天王等的護持，得免於危，遂在西天竺國取得經文，返都奏聞天子，七月十五日，與天子告別，隨定光佛的引導，得昇於天，故事就此告終。這個故事，到了元代戲曲中，與吳昌齡的西遊記中，便特別詳細，遂說三藏爲陳光蕊的遺腹子，爲老僧丹露所養育長大。最近永樂大典第一萬三千一百三十九卷中，收錄西遊記的故事，約當吳承恩本的第九回，文筆雖然簡煉，但故事却並無大差，足見今本西遊記小說，至晚也是元末的作品了。

講史的題材，東京夢華錄中，有「說三分，」「賣五代史」等，足見當時人喜歡三國及五代史。三國的歷史，本來今日尙爲老人孩子所愛說，在當時是無怪了。五代史風行的原因，當由於時代的接近，而且是亂離中的傳說。至於書本，新編五代史平話十卷（有缺）相傳是宋代的作品，但近來的學者，都沒有看見過原書，從其他各方面來看，多半是元代的作品。原文根據正史再加上俗說書中關於劉知遠的話，特別有名於後世。元代的東西有元刊本的全相平話現在日本內閣文庫中保存一本所謂平話者乃評語之略意，爲敍述之外加有評語；所謂全相者，明代相字原意爲像，每頁皆插入圖畫。現在所存本子中有武王伐紂樂毅圖齊秦併六國三國志呂后斬韓信等五種，都是元至治年間建安有名書肆虞氏所刻行。五種之中最近史實的是秦併六國，頗似史記國策之文。最最與史實不符的是樂毅圖齊，使樂毅與孫子相對戰，黃伯楊援助樂毅，鬼谷子援助孫子，其中又有衆仙活躍，全是出於幻想，一定是受了道教的影響。三國志中以曹操劉備孫權三雄爲漢初韓信彭越英布三臣的復生，來向高祖呂后復生的獻帝伏皇后復仇，蒯通復生，變成諸葛亮，以援助劉備。卷首敍述冥世秀才司馬仲相裁判轉世有功，遂爲大子司馬仲達，中間關羽也不活躍了，孔明也不足道，反而把五胡之亂中北漢滅亡西晉的話也攝入了這本書，可以因果報應一言來包括，一定是受了佛教的影響。宋都所講的樂毅與三國志，大概與秦併六國的歷史相仿，很近史實，這二篇的作者，這二篇或則正是爲適應讀者欲求了解歷史的心理而產生的。初期的講史，或則以正史的某事某節的詳文相標榜，亦未可知。五書的內容尤以呂后斬韓信一本最忠於史實，像三國志中那樣因果報應之說一句都沒有提到。這書的刊行，大概與五書相前後，但是編述的人及成書的時間却並不相同。

民國初年，繆荃孫以影元人鈔本爲基礎，刊行京本通俗小說殘本，其後葉德輝氏續刊繆荃孫未刊的金虜海陵王荒淫一篇。這些通俗小說一向被認爲宋代的話本，葉氏的刊本學界都認爲是根據清刊本醒世恆言的僞作。鄭振鐸氏復倡說京本通俗小說的編纂時代是在明中葉。但同爲明代所編刊的短篇小說集清平堂所刻的話本與馮夢龍編的三言，都是間接演述宋代故事的小說，有不少篇中，顯然有受道教流行的影響。惟有其中拗相公一篇，稍有特色，卽王安石辭職以後，在赴江寧的途中，親聞民間對新法的惡罵，歸而懺悔，詠讀佛典，吐血以死，政治小說中帶有陳陳相因的佛教因果說的影響。這些話本有一共同的特點，卽在入主題以前，必有一個短篇小說冒在頭上，稱爲入話開話，頭回，目的都在集合聽衆有時還押韻，似乎亦在促使聽衆思考。說話人四家之中，惟有說經，合生二家，不傳書本。

與說話稍稍不同的，有一種名叫宣和遺事的歷史小說，不純粹是白話，中間混有元人之語，不像純粹是宋代的本子，中間已雜水滸故事，很可注意傳奇小說，是唐代餘風的延長。自五代迄宋發展益盛，其中僞託唐人的作品亦有，太平興國三年，李昉奉勅命編纂晉唐以來的傳奇隨筆，成太平廣記五百卷，其中仍多神怪之談。晉唐的作品，因有本書得免於佚亡的不少，又洪邁有夷堅志及青瑣高議等作品，在元代亦有二三種異聞集，這裏都略去不述了。

唐代有一種參軍戲本來是由參軍蒼鶻二角色湊成的滑稽戲，伴奏音樂。後來逐漸發達，再加上脚色場面，內容也改演故事，遂成宋代雜劇的起源。雜劇到了金代，都稱院本，院本之名，得於行院即歌伎俳優居留之地所唱的本子。但是當初雖同樣是院本，後來在北方沾染上習俗的音樂，漸與雜劇發生差異。元初，院本更加改良，又稱爲雜劇，即是代表元代文學的元曲（北曲）。中國的戲曲，發源於上代的歌舞音樂，祭祀巫覡，向爲王侯貴族的御用娛樂，自漢魏以來西域印度的樂曲輸入後，才開始發展，漸漸改變爲大衆的，遂得躍進一大步。南宋發達的正雜劇，主題的內容不過二段，有一本四折，即一劇四場的規則。四折如不夠應付時，往往再添加上短的楔子，後來角色漸增加，曲白也進化至互用的界段。因爲是歌劇，曲的應用範圍很廣，對話是當然用歌唱代替，就是心事，環境，動作及事件的推移，亦多以歌唱來表白，歌者主角，由一人來負担，尤其是重要的角色什麽都借歌唱來發表，用意大概在補救佈景與道具的不足。元曲是用套數，即一組之中，以同一宮調的曲牌所組成，一折之中用同一韻。而且每本之末，都有嵌入題目正名的七八言詩兩句或四句，多數是以正名的一句爲劇名，也有襲取劇中三四字爲名的。

那末元曲何以突然勃興，從來就有種種臆測，主要的原因一是素好音樂的蒙古民族，征服中國以後，無論在表面上或實際需要上，都不摒絕中國的文化，因此比較容易理解的歌曲，遂被選中。二是不遇的才子，借此發展才華。因爲自元統一以後，白話的應用更廣了，科舉停止以後，文人都借此種筆調，消遣暇日。此外，稱爲諸宮調的話本，或則稱爲唱賺的歌唱本，顯然是受了雜劇改良的影響，這是千眞萬確的。又宋金的雜劇院本以及唱賺的底本，雖然不傳，惟獨諸宮調，保存於金的董解元西廂中，金元之際劉知遠的殘本，現亦存留。

雜劇的創始者相傳是金末元初的關漢卿，至少是與關漢卿同時的人。細細考究現存的文獻，把作者依地理來分劃，可以看出世祖統一以前，大多在河北大都（即今北平）尤多其後仕於南方的著名作家漸多，到了中葉，南人超過一半，殆至末期，北人的作品，根本就看不到了。由此也可看出雜劇由北南下的痕跡。但從質方面來講，末期的作者殊不足道，南方的中心地爲杭州。作者之中有很多的人爲色目人，或下層的人民。最有名的作者爲關漢卿馬致遠白樸王實甫，中期有鄭光祖喬吉等。

遺傳的元曲，除了古今雜劇三十種外，最近發現的數種都是明代的總集，經過明人的刪改，其中流布最廣的刻本元曲選刪改之處特多，最近北平出現的寫本內容大異，元曲中最有名的東西，爲與總集分離成爲單印本的王實甫西廂記五本，其中第五本相傳爲關漢卿（？）模倣董西廂所續作描寫張君瑞崔鶯鶯成爲夫婦的經過。故事原脫胎於唐小說崔鶯鶯傳中，結果不出中國小說的常套，團圓了結。

元曲各篇的內容很多是敷衍春秋以來的故事傳說，以唐代的小說，宋代的故事作內容亦復不少。其中水滸故事，包拯判案尤多，後來多成爲明清小說戲曲的藍本。內容雷同之處有時不免。但中國戲曲向以歌唱爲重，內容並不太成問題。因爲大家喜歡齟嚼歌曲，所以中葉以後，很多作品是連綴美麗的辭藻而成的。初期之中也已有此種傾向，有些作品中，巧妙地揷入胡言俚語。元曲中第一部傑作，當數關漢卿的竇娥冤，這篇描寫一個薄命的寡婦，爲了堅守節操，受怨被殺，亡靈飄蕩無所適，値生父已做了官，出來巡察地方，遂託夢訴冤。結構已別致，文辭也雅樸得當，眞正是元曲的代表作。其他文字雅麗，題材也以有名的史實爲根據的作品，有馬致遠的漢宮秋及白甫的梧桐雨。後者敍唐玄宗及楊貴妃的故事，始於安祿山的歸順，中敍宮中的宴會及破壞太平的叛亂，末述玄宗亂後還宮，祈求夢見楊貴妃，偏偏有夜雨打梧桐之聲，擾亂夢境。前者敍獨處宮中的王昭君，方怨嘆寂寞而邀蒙寵，不料意外之事發生，急着嫁赴匈奴，途中遂投黑龍江。元帝方苦憶昭君，彷彿入夢時，忽聞天上雁聲，驚醒睡夢，因此怨嗟。兩劇旨趣略略相同。末葉很少傑作。但大致說來，元曲中美麗的曲辭，確也不少，現在恕不能一一介紹了。

南宋以來，本來盛行於南方的雜劇，已日趨末路，待元曲傳來，正好加以改良。原來元末興起的戲曲，本發源於溫州一帶，其中有名的如高明的琵琶記，是改作宋代有名的故事中，言蔡邕上京應試後，其妻趙五娘留守家中，甘於赤貧，供養舅姑，雙親死後，更抱琵琶上京，遂遇蔡邕與蔡在京所得之牛丞相女兒同居，過一夫兩妻的生活，故事也是團圓結束的。同時期中又有人改作元曲而成拜月亭（幽閨記）。近來在永樂大典中亦發見幾種戲曲，如張協狀元，小孫屠，宦家子弟錯立身等，似乎都應放在初期作品中，較琵琶記等年代爲先。又後二篇是短篇作品，可知初期的戲曲是短篇。大典中共收戲文約三十三種，除了上述三種外，其餘的本子都已失傳，無從得知了。又清初的南曲九宮正始中，多引用南戲，而且大部分是元代的南戲，這是近年來的發現。

要之，宋代的代表文學爲詞，而元代的代表文學便是曲。初時北曲最盛，及傳到江南，遂有南曲的勃興，但這事已在明代了。曲之中祇含有一曲牌的，又有成爲一套的散曲的，前者稱小令，後者稱套數。曲的興起，是代替宋詞衰落的，其中又有南北曲之別，到了元明作家的戲曲，是相共通的。散曲的研究，近方開始，還是一片未開發的土地。

（九）宋學流行的一般

漢末以來，學風拘泥於經傳的注釋，爭逐儒學的末流。自從唐初的勅撰五經正義出現後，學風爲之一轉。大家要求新生命，唐代中葉已有疑經之風，既如上述，到了宋代批評經傳的風氣，依然繼續。又因一向偏重解經的反動，躬行實踐，教理探究的口號，特別提出，這也是當然的途徑。

宋初天下太平，皇帝右文，經典的注釋，書籍的整理編纂，都已完成。而隋唐間發明的印刷術，在五代校刊經書時，已經應用，國子監已有印本九經出版，大概便是經籍印行的嚆矢。到了宋代的太宗端拱中，計劃刊行五經正義，至眞宗咸平二年（九九九）實現。後來邢昺等又奉勅從事校訂，刻刊二禮二傳，重撰並刻行孝經論語爾雅的注疏。民間也有編纂孟子注疏的。經書官版出現後，便有正史的校正本出版，經史出後，又有補刊覆刻出現，當時官府的儒學，還不脫漢唐訓詁學的習氣，邢昺所重撰的三書注疏，也是模倣舊疏舊法的。書籍的編纂，多在太平興國中，李昉奉勅充當斯任，大部書如太平御覽，太平廣記，文苑英華等，皆在這時期內。廣記多五百卷，其他各千餘卷。

宋代不流血而得天下，太祖以武將出身，爲諸將所推重，因受周禪，而卽帝位。宋室採取文治主義，與儒教參與政權以絕好的機會。同時，儒者亦無須代宋室辯護，可以堂堂正正問心無愧的發表議論。嗣後契丹入寇威脅漢人的天下，仁宗需要整頓內治，乃登用儒家范仲淹歐陽修等，皆被重用，儒家所渴望的參與政權，在宋代的儒學名家身上實現了。范氏認孔子所著的周易盡心之道，春秋盡用之道，其時有孫明復著春秋尊王發微，主張以春秋之學，興隆周室。歐陽修頗爲尊崇。范氏以爲儒學與世務不能分離，他所著的「岳陽樓記」一末節中有在野憂民，在朝憂君之說，發揮儒教者流做臣下任務，最爲得體。他又有名句「先天下之憂而憂，後天下之樂而樂」一可以說是他的自白，他自己做官決心的述懷。歐陽修亦重春秋，主張正名，主張大義名分，葉夢得崔子方蕭楚等皆主正名分，重視春秋，驅逐夷狄。到了南宋，宋的國力實際已不復能攘夷，因重公羊傳，唱尊王復讎之論，胡安國著述春秋傳的目的，就在於此。此風的影響也及於他經的注釋。

范氏薦舉李覯（泰伯）準備以經學應用於政治，後與王安石合作，擬以周禮的理想政治，搬諸實行。王安石在經書中，加新的注釋。在政治上主張新法，實行的結果，反買民怨，致引起朋黨之爭。兩黨皆以儒教爲基礎。其他又有陳襄，在職中愼言行，與教育，向神宗推薦言行一致的忠臣，其中司馬光以下，蘇軾曾鞏等皆爲他所擧薦。光著資治通鑑，依據歷史，闡明歷來聖帝賢王治政的往迹。又極力告誡學者，戒去專事穿鑿，以干求名利的時弊。其後北宋末年靖康之變時，天下的名臣志士，臨難不屈，入南宋以後，猶多志士努力恢復國運，辯華夷斥佞臣。直至宋室滅亡，尚有陸秀夫張世傑文天祥謝枋得諸臣，盡忠故朝，或則殉難，或則誓死抗元，應是當時的流風所影響。歐陽修是儒者，嘗作論經學的劄子，主張將雜於九經疏中的讖緯之書刪去。同時孫復上書范仲淹，主張改易傳注，蔑視古注舊疏之風，由此而起。在二家之前，孫明復所著的春秋尊王發微中已非難古來重三傳的學風，歐陽修承其後，先疑詩的毛傳，後及於詩序，影響所及，由疑傳注而及經書。惟有司馬光對於當時的學徒，忽略注疏，爭作新注的傾向，表示非難，他以為此風影響及青年人，不復去研究經書的內容。當時的學者或則以為易的十翼，非孔子所作，周禮非戰國時之書，輕視毛詩的詩說，排斥春秋的三傳，皆為司馬光所反對。又因王安石尊重周禮，他故意特別非難，稱周禮為不經之書。此風到南宋更甚，吳棫懷疑古文尚書，朱熹也表示懷疑，所以朱在注釋諸經時特把尚書除外。他又疑詩序，所以詩經集傳中，把序除去。

由疑經更進一步，便發生改經的陋習，劉敞便是這派人的先驅，曾改竄書經及春秋的文句。蘇軾程歐朱熹都曾改易尚書的一部分，王柏索性企圖根本改訂詩經與書經，朱子改定大學及孝經是很有名的事，降及元代，吳澄的改定禮記亦此之流也。

宋代的天子，一方面尊崇孔子，同時也信仰佛道二教，優遇眞人高僧。這二教在民間也漸得勢，偶遇天地變患不測之事，無論公私往往向他們求救，道佛的宗教勢力，固因此而奠定了。但是兩教的哲學傾向，却反因此而隱晦。一般儒者，因為唐漢注解的反動，盛喊躬行實踐，欲以儒教為教化之具，但是儒者的工夫向來偏於實踐，在教理方面並無深遠的哲理，經書之中比較有哲理的是周易與禮記中的中庸，因此遂以此二書為中心，不拘師承，不拘訓詁，往往別出心裁，欲作成哲學的解釋，以與儒佛二教相對抗。從此，儒教漸成為內的思考，漸漸趨向哲學化，三教的鼎立的局面，從此造成。且因時代的推進，三教的根基，亦更鞏固，各樹一幟，不相服從。其中更有人潛心研究他教，故意搜求他教的弱點，以圖根本顛覆的，也有人專事於強化本教，他們努力的結果，反促成三教融合的現象，往往以釋老的見解來解釋儒典。當時佛教之中，禪宗獨榮，原因就在於此。

有人不滿於禪宗的侵入儒學，因倡道統論。原來遠在唐代的韓愈已根據孟子末章的道統繼承說，作「原道」一篇，自誇直接孟子之後，繼承道統，殆宋朝的程頤則以其兄程顥為直繼孟子，朱熹復以顏曾接孔子，以二程復接其後，說明道統遞傳的過程。並謂道統的精神，在於執中。其後宋儒復加上居敬誠實二詞。宋的道統，在於二程與朱子，這是很明顯的。二程的先生是周敦頤（茂叔濂溪先生）周作太極圖說及通書以宇宙萬物的生成之理，按照無極，太極，陰陽，五行，萬物的次序，作圖說明。他的學說，雖然以周易中庸爲基礎，但是老莊的影響，亦復不淺。宋學的基礎，是他作成的。當時，邵雍（康節先生）根據河圖洛書先天後天象數圖等書，解釋易經，其後張載（橫渠先生）以宇宙的本體，是名稱太虛之氣的無形物，以陰陽二氣爲其屬性，二氣相交，便成宇宙萬物。又謂性有天地之性與氣質之性二種。程顥（明道先生）以爲宇宙萬物的根原，爲乾元一氣，陰陽二氣交感，成爲萬物。依據此理來說性，以爲人類的絕對性中沒有善惡之別，祇有個人的相對性中，才有善惡。人的德性，達到了與天地萬物合爲一體的境界，便是仁。其弟頤（伊川先生）的哲學爲理氣二元論。關於性方面，認爲本然之性是善的，氣質之性是惡的。又說格物致知，靜坐生敬，以防邪惡之念。二程的門生頗多，有稱爲程門四先生的，最爲出名。其中楊時（龜山）最傑出，謝良佐（上蔡先生）便流於禪學了。楊時的學統內，南宋時產生大儒朱熹（元晦晦菴先生）博採諸家之長，再加上自家的說素，以二程所特重的學庸論孟，併稱爲四書，爲之作注。學庸稱爲章句，論孟則稱爲集注，在其他經書中也作注釋。其注釋的方法，不逐字句之末節，但也不委棄，專明大義，關於古代的東西，從古傳。朱子的宇宙論，爲綜合二程說，性論中融合張程之說，以爲從本然之性（道性）來看，都是善的，從氣質之性來看，都是惡的。修養方法，則依從二程之說，求仁的方法，在居敬窮理，學問之道，在於大學中的格物致知，誠意，正心，修身，齊家，治國，平天下的八大條目中，以孔子的修己治人之道，加以理論化。朱子在宋學中各方面都集大成。於修養，應用，與攻學各方面都不偏不倚，以爲儒家能得中庸之道的，便眞得儒學的神髓，後世宋學的末流，祗知奔逐窮理的空論，對於朱子，應知有所愧了。

朱子的門人數目衆多，但傑出的人却很少。蔡沉繼其遺志，注釋詩經，因此知名，交友之中，有張栻（南軒），呂祖謙（東萊），皆著名。

同時有陸九淵（象山）者，不滿於二程之說，倡宇宙卽吾心，心卽是理之說，以爲道心與人心，天理與人慾，並無區別，因此主張性善。雖有偏於禪學之譏，但爲宋學之一派，主內省重德性，偏於主觀，輕讀書，成爲心學之祖。

宋末的儒學，在學問上不免稍稍衰微，惟眞德秀（西山），魏了翁（鶴山），黃震（東發）王應麟等稍稍有名，黃震的黃氏日抄，與王應麟的困學紀聞二書，略有考證，繼承朱子的一面，後來成爲淸代考證學的淵源之一。

元代可以特別提出的儒者很少。仁宗時，科舉採用朱子學，因此，偏重朱子學的風氣，益發助長。根據朱子學的經書注釋，重加新注，因以敷衍成的著書，出得很多，但無學術上的價値。許衡（魯齋）郝經，劉因，許謙，及前述的吳澄等，稍稍聞名的學者，其中節義之士很多，但學術上有創見的却很少。

末了，對於宋元的史學也必須一提。宋代的史學的特別發達，因爲儒者都上仕途，不免要向歷史中去尋求政治的理論，或則資勸誡，或則正名分。司馬光的資治通鑑，是傾向前者，朱子的資治通鑑綱目則入於後者。正史的編纂以歐陽修最出名，實錄雜史之類也出得很多，有時，單單記錄見聞，有背史實的地方也很多。元代的史學，除了編纂宋遼金三正史以外，則無足述，就是這部史亦祇有速拙之評，無足多述。

宋代的政書，編纂得也很多。其中宋末元初馬端臨的文獻通考，最爲有名，記述官制禮法的書也很多，地志中有歐陽忞的輿地廣記，祝穆的方輿勝覽，他如吳郡志，臨安志等的地方志之類。在元代也有金石學有歐陽修集古錄跋尾，趙明誠的金石錄，醫學承唐代之後，實用益廣，經過宋金元三代本草綱目一再改訂，通俗藥方書也不斷續出。宋王欽若的開府元龜，對於史學上的文獻是收集甚富的大類書。印刷術之普及，變成營利的出版事業，以適應學問傳播及科舉的準備。建寧地方，通俗的字書，韻書，類書之類的編刊，最爲盛行，宋的出版家，爲唐末五代的延長，先盛於蜀。迨至南宋，浙江的臨安，福建的建寧，才興隆起來，書坊林立，漸趨營利。官府私人的出版亦復不少，但是官私的刻本究竟流行較狹，不過內容較好。活字印刷也發明了，現存的東西，以明代的弘治刊本爲最古。明的出版事業，漸漸成爲賣名營利之物，個人的詩文集在宋代並不多，但到了明代，刻印的作者也多了，刻印的數量也多了，出版者不論何人，到手就印，甚至內容惡劣的也頗不少，祇重外形的巨大。建安與江浙出版物最多。

明代的學界，承元之後，因爲蹈襲宋學與科舉弊害的結果，頗爲沈滯。在儒學方面，不過是宋元的延長。在前半期中相當盛行的朱子學，事實上也不過是敷衍宋儒的見解，在後半期中得勢的陸王學，有與漢學完全相反的傾向。因此，學術上沒有可採的東西，古人概評明的學者稱爲搜羅宋元的糟粕，可謂得當。但是在明初還不流於鑽牛角尖的極端，如太祖時范經幹的經世之才，成祖時方孝孺的不屈之節，雖與學問本身無關，但與儒教的眞髓，却相差不遠。方孝孺殉節前後，汲其流的儒者全部隱匿，一直到明末的反動熱勃與以前中間的學者，既無氣節，又無學問。其中稍稍有名的，前有薛瑄（敬軒）學朱子，倡說躬行實踐，略有著述，但在學界中並不太出名。後有王守仁（陽明），慕象山之風，講學主良知，並曾出仕政界，但闢開朱子尊崇陸象山原不始於王陽明，約與薛瑄同時，有吳與弼（康齋）其人者，奉崇朱子以躬行比窮理看得重。其門下有胡居仁（敬齋）陳獻章（白沙）婁諒（一齋）等。敬齋以博學爲難能，因主居敬，但戒人勿流於禪學，僅奔逐修養爲已足。白沙與此相反，不重修養，重靜坐，頗似習禪。見此而非難的人，原不止敬齋一人，這種學風，既非禪學，又非儒學，但受佛家的影響非常濃厚，却無可否認。因此，從前人以明的學風至白沙而一變。一齋以爲居敬之門在收放心，陽明實出於此人門下陽明浙江餘姚人，嘉靖七年（一五二八年）歿，年五十七歲。初習佛老二家及朱子之學，因見他們祇說居敬窮理，從博學變成固陋，陽明了悟其弊，乃依據宋陸象山明陳白沙之學說，倡言心卽是理之說，求致良知。所謂良知，始見於孟子書中，指不學而能的先天之知，陽明以爲此卽心的本體，乃天理所然。人生而卽有良知，但爲物慾所蔽，以至生惡念。所以要保全良知，就不能不去私慾，這卽是大學中的所謂格物致知，所謂格物就是改正如私慾之類的惡的動機。格物必須有誠意，誠意乃言事業上的磨練，卽事事物物皆有磨練精神的作用，不容懈怠。他並創知行合一之說，重視實行。他重大學一書，非難朱子的大學改訂，主張古本大學。但是他有意避免與朱子衝突，在編朱子晚年定論時，不批評朱子學的是非，而稱世間的所謂朱子學，乃朱子中年未成熟的作品，實則不然。陽明本來是個天才，性果敢，在學問方面可以說是直覺的，仕於廬陵縣知縣時，曾平復內亂。同時造成他學說的原因，可以說是前半世艱苦的體驗，與佛老的智識所助成的。

現在更進一步試一想明代陸象山之學盛行的原因。原來宋學的二大流派中朱子博學，說心時頗煩瑣，其他一般學說也頗深入不易學得；就以修養法論，亦主張難行的居敬窮理之事。但象山却與此相反，說心卽是理，關於說性及其他學說，亦頗簡單，修養法根據心卽是理的學說，主張須將自己的心理洗刷清明，就比較容易多了。因此後世稱陸王之學，亦名心學。

明代的學界，大概都固陋狹隘，因此即在朱學之中，也將朱子的博學，置於高閣，但空論居敬窮理而已。由此更一轉而謳歌象山的簡易的學說無甯爲當然的結果、此中天才便是王陽明，一時門人大集，王學遂盛行天下。

陽明的門下很多逸才，王畿（龍溪）錢德洪（緒山）等即此類，他們講學四方，因此天下的學者，皆棄朱子的繁瑣而歸從王說的簡單。原來陽明見朱子的末學，徒逐窮理的空論，因提倡實踐，便易實行。陽明的學說大概自修身至平天下，頗合於儒教的眞髓。然而陽明的末輩，其弊亦復與朱子之徒相同，祇耽於實踐的空論，甚至違反道德之輩也出現了。其弊風所及，往往以庸愚之身吐聖賢之言，徒逞高遠的理想，廢置讀書之法，空說心性，忘懷實踐，還是比較好的。言行不一致的人祇能儕於平庸的宗教家教育家之列。甚者更耽溺酒色，以爲致良知即此已夠，與墮落的道佛二教之徒，簡直不相上下，過着表裏完全相反的生活。在中國舊式的社會中，表面上不許男女雜處，因此儒教講學，佛教說經的機會，往往成了男女密會之所。最好的實例是舉李贄（卓吾）本來李與鍾惺（伯敬）因爲無行的文人，爲龍王溪的門人何心齋的學生，同時又入佛門，專假講學的機會，接近良家婦女及青樓的妓女，紊亂風俗。陽明的末流不堪言狀者有至於此，世上因之有稱爲王學的橫流者。在如此的環境中祇礪行節，慎獨飾行，努力修養學業的也不是絕對沒有，如劉宗周（蕺山）就是，其節操頗有可觀，明末易姓時絕食以殉，可以說是明代王學飾終的代表人物。這時東林黨起來了，激起士風，議論時政，這個運動雖與政治的關係甚深，但在學術史上並無可述。

第二個理由是科舉之弊。原來科舉之弊，不始於明朝，不過到了明朝，弊害才特別顯著。富貴爲人人所欲，因欲得到富貴而努力科舉的人乃爲人之常情。因此學問對於大部分人不過看作及第的手段，明代解經，遂至於限定在成祖時所出的五經四書大全中，而全書之中成爲問題的，又成了受試生的揣摩的核心，結果考生的學問都變成非常狹窄，亦爲當然之事。恰如今日的考生，教科書棄而不欲，祇做習題，結果縱使考中，亦缺乏一貫的知識。譬如以禮講喪服等一類艱難的東西，當然不學，以詩經講淫詩變雅之類，根本不須研究。爲了受試，連夜開車，一旦考試已畢，出任爲官時，一切都忘記了。

因此，明人的學問，是非常狹淺的，而且徒慕空名，故爲標新立奇之說，不問事理之當否，如果難於解釋時，便進而改變經書的文句。模倣剽竊之類，甚爲普遍，自無待言，甚至製作僞書。前述的五經四書大全，就是把前人的著作，以剪刀漿糊拼湊起來的，永遠成爲歷史上的話柄。這樣粗製濫造的東西，在明人眼中猶以爲榮，往往誇耀儕輩。直到明末，才由顧炎武等提倡實用之學。明朝的考證學大概也由於明代疏學的反動，不主張廣博，而主深邃。

明的學風，弊害既如此之甚，經學亦無多可觀的成績。祇有梅鷟的尚書研究可以一提。他說古文尚書是他書中蒐集起來的編纂物，不可憑信。最初懷疑古文尚書的雖是宋儒，作成定論的却是清儒，而他有系統的研究，給予清代學者不少影響，其功績在學術界放一異彩。明人所注釋的經書中，爲後人所重視的作品，有何楷的古周易訂詁詩經世本古義。其他如陳第的毛詩古音考屈宋古音義等，都成爲清朝古韻研究的基礎。又明人的隨筆中，亦有考證一類的東西，成爲連結宋清兩朝考證學的橋梁。但明代的作品，其本身不能列入學術類中的很多，如楊愼就是代表人物。

（十）明代的文藝

明代在文藝中可以說是模倣時代。明代的詩，模倣唐詩。文有二派，一派是模倣唐宋的，稱古文派，一派是模倣秦漢的，稱古文詞派，互爭雄長，但都不出前代作品的模倣。明初的詩人中，有高啓劉基等，其中高學唐詩，最爲有名，後人學他的很不少。高字季迪，號青邱。散文中有宋濂（景濂）方孝儒（希直，遜志齋）尤其方以不降成祖，以氣節聞名於後世。永樂以後，詩文一時爲三楊的台閣體所支配，僅知模倣，毫無創造的新意，可謂沈滯已極。所謂三楊乃楊士奇楊榮楊溥等三人，皆爲朝廷大員，因有台閣體之名，此習風靡天下，其弊遂全失生氣。成化之頃，李東陽（西涯）欲匡正此風，無所成就。嗣有李夢陽（空同）何景明（大復）出現，主張不效唐宋，直遡秦漢，以爲自漢而後之書都不値得一看，但是李何等自己所作的近體詩，皆採盛唐。這便是古文詞派之祖。詩中除李何二人之外，再加上康海王九思徐禎卿王廷相邊貢等，稱弘治七子，又稱前七子。與此派遙遙相對，有王愼中（遵巖）唐順之（荊川）等二人，主張學歐曾等宋代大家的古文，便是古文派，以後二派不斷爭奪天下。稍晚，前派中有李攀龍（于鱗，滄溟）王世貞（元美，鳳洲）等二人，再加上謝榛宗臣梁有譽徐中行吳國倫等五人，稱嘉靖七子，又稱後七子。明代詩界，到此時達於極點。後派有歸有光（震川）茅坤（鹿門）等二人支撐門戶。唐宋古文八大家之名，雖始於明初的朱右，但經此二人之手而確定。在詩界中先學初唐，但是到了歸有光，則主張學宋。這二派在詩文二界，俱展開鬥爭。其結果，文人各自組黨結社，捧歸有光爲首領的有艾南吳的豫章社，宗李王的一派，加入張采張溥結成復社，夏允彝陳子龍等又組幾社。公安的袁宗道袁宏道袁中道兄弟三人，在詩界中譏刺李王的模倣盛唐，主張清新，稱爲公安體，散文主學老蘇。宏道的隨筆小品，過去幾年中曾在文壇大受誇獎，雖不免言過其實，但能不拘泥於形式，確是他的好處。竟陵的鍾惺譚元春，在詩中排斥模倣，力主幽深，稱竟陵體，各派競起，後李王之勢稍衰。但袁詩流於恢諧，鍾詩陷於僻澀，俱非最上乘，殆明之末葉，選輯古人的詩文集盛行一時，要亦爲諸派分立的結果，各隨選者的所好，以定取捨的標準。

迨中葉以降，吳中詩人自成一派，不染何李的風氣。他們不事模倣，創作意味很濃厚。文句及內容的俚俗，一切不顧，祇努力於吐露心情，與李何的主張完全相反。此輩多善於書畫的技術，對藝術亦頗了解，因此也有題書題畫的詩例，如這派中的先輩沈周（石田）巧於畫，唐寅（伯虎）則更以鬻畫度日，祝允明（枝山）文徵明（衡山）皆善書。不過他們的行動，都越出了常軌，從操行上來講，皆受道學先生的指斥。但是他們都以文人立身，本來不掛道學家的牌子，也未可深咎，如善書的張靈，以行動狂放出名。

不入詩人之列的作品中，亦頗有不可割棄的佳作。如前述的道學家薛瑄，可與宋代的邵雍相比並，博學家楊慎的詩，有六朝之風，詞亦佳妙。詞人在明人並無特點，惟有明末的陳子龍，詩詞盡脫時俗。

以上略述明代的詩文，都不過是模擬的作品。要之明的詩文，無足採取，因此，從來明代的文學，都認爲前朝餘風的延長。惟獨小說一門，特別發達，前後無可類比，堪與宋詞元曲相頡頏。

明代小說發達的原因很多，但最重要的是由於社會狀態的反映，天子的殘忍，宦官的橫暴，豪貴的壓迫，僧道的墮落，婦女的淫蕩等現實社會的實情，在在引起民衆的不滿，消遣或賣文的作家，往往取爲題材，代表被虐待的文人平民，加以理想的筆伐，道佛二教的勢力，亦借重小說，互爭優劣，加以出版業的進展，書賈營業的發達，小說更盛，因此頗有有名的文人出現。

明代小說中最先興起的是歷史小說，這本發源於講釋師的話本，其中最有名的爲三國志通俗演義。本書的作者，自來認定爲羅貫中，關於貫中的傳記，頗有異說。根據最近的研究，他是元末明初的不遇的才子。今日所傳的本書，不是嘉靖以前的大字刻本，有不少地方經過後人改竄的。世間流行最盛的本子，是經過清朝毛宗岡所改編的一種，題目都用對句，文章故事各有刪改，文句亦有以文言改成白話的，七律刪去，代之以詞，史實亦多改正，俗稱第一才子書。本書不似全相平話的三國志，並不根據因果報應的荒唐無稽之說，來編寫故事。大概羅氏下筆時，並非以全相平話為藍本，而是直接根據平話作者所依據的說話人——講釋師——的稿本加以潤色。比之全相平話，文章也好，插入的詩詞也好，足以證明羅氏的筆調，比之平話的編者，超過遠甚。第一才子書，清代流行甚盛。三國志的通俗演義，萬曆年間已非常通行，原不待於毛氏的改削，但看同代的各種小說中，所出版本之多，無出其右者，就可明白。

直到明末，中國的歷史，無論任何時代，都採作演義小說的題材，有史以前的故事，也靡不入選。以出版的時代講，都在嘉靖末以後，尤其以萬曆年間的居多。以出版的地域論，福建為最。以編纂者言，多書肆的主人，但這不過是一種名義，實則大多成於不遇的文人之手。在編者中，最值得記下的名人有熊大木（鍾谷）余邵魚（畏齋）前者有全漢志傳唐書志傳通俗演義，及全宋志傳大宋中興英烈傳等；後者中有列國志傳。羅貫中編輯的東西中，除三國志演義外，相傳還有隋唐的兩朝志傳殘唐五代史演義等，但未必確實，恐在三國水滸流行以後，才假託羅貫中之名的，殆至明末，又有幾種小說，都冠以鍾惺（伯敬）之名刊行，但向來被認為假託，不足憑信。刊行的書肆中，比較有名的，有建安余象斗（文台）的三台館，余泗泉的萃慶堂，金陵的唐氏世德堂，周氏的萬卷樓，余象斗刊行熊大木的編著時，或則加上自己的名字，或則將原作者的名字刪去，換上自己的名字。

這類歷史小說，在三國志以後，流行的又有兩漢隋唐等諸演義。兩漢演義所根據的，是熊大木所撰的全漢志傳，隋唐的最古作品，似乎是熊氏的唐書志傳通俗演義。但是所謂唐書主要的材料，本來祇是唐初一段，後來一轉而爲隋唐兩朝的志傳。尤其敍到隋末時，往往插入袁韞玉的隋史遺文無名氏的隋煬帝豔史不免流於猥褻。岳飛的故事，亦經過了好幾次的變遷，這書原本是大宋中興通俗演義。余氏所撰的列國志傳亦頗流行。演述當代的作品，有暗示太祖猜忌心的皇明英武傳（英烈傳）記成祖政變的承運傳續英烈傳記英宗所殺的于謙之事的有于少保萃忠全傳大宋中興通俗演義中的岳飛之忠烈，正是于謙事實之反映。

歷史小說初流行時，大概都是以史實爲根據的。經過說話人的改作，一部分變成趣味化了，但與史實還不致相去太遠，內容未免枯燥些，除了老人孩子才發生興趣外，一般的人，倘嫌不能滿足，因此根本不顧史實的作品，才應時而起，事實上已根本不能認爲歷史小說了。屬於這類的作品，或則把歷史上的一人，故意寫成英雄豪傑，或則根本把架空的事件，故意編成小說化。最有名的無過於羅貫中所編的水滸傳，向來認爲是施耐庵的作品，未免奇怪。在施氏的傳中也未提及。故事的根據，爲北宋末年，橫行於山東一帶的大盜宋江等三十六人，後朝廷藉方叔夜之力，方才征服。歷史上的事實，不過如此。宋江降後曾討平方臘歷史上亦載之，後來漸漸流爲民間的傳說，據周密的癸辛雜識所載，宋代已有高如李嵩之流將故事加以潤色，但內容不明。後至元初的宣和遺事中亦載此故事，倘與史實相去不遠。迨至元朝的戲曲中水滸故事，便常常被作爲題材英雄的數目也增至一百零八人了。貫中似將此類故事加以改編。世間所傳的水滸傳中，有內容多少不同的二種，但據近人的研究，內容簡單的一種，比較接近羅氏的原作。今日學界，以爲最古的水滸刊本亦不出嘉靖之上，詳細情形不明白，征遼的故事，爲嘉靖以後的人所增入。那時，似乎有人將羅氏的文章增飾文筆與羅相較，亦不相上下，不過姓氏不明，一說爲武定侯郭勳，這也無證據。此外又有增加田虎王慶征伐一段故事的，似乎爲萬曆中的余象斗，明末楊定見更加以改編，遂成爲一百二十回的水滸傳大全而淸代盛行的第五才子，乃淸初金人瑞採取郭本的七十一回，加以批評，稱爲古本。

水滸傳原本，已大部脫離了歷史小說的範圍，後又經過羅氏的編纂，郭氏的增修，余氏的潤飾，楊氏又增添材料，每多過一道手，便與史實遠一層。開卷時說宋仁宗是上界赤脚大仙的化身，包拯與狄青爲文武曲星的化身，所謂一百零八條好漢，卽是三十六天罡星七十二地煞星的投胎，顯然是受了宋元以來所流行的道教的影響。故事內容大概是化賊盜爲英雄，以頗負衆望的宋江爲首領，略奪姦臣的不義之財，反抗權勢，橫行天下，後來歸順朝廷，討平內外的叛變。將宋明人憤懣奸佞專橫的心理，表現得很漓淋盡致，而且其中免於戰死功成名遂的大將，不久先後爲奸臣所毒殺一事，完全出於尋常的因果報應之外。而在描寫從容就義時，不加反抗，更增加書中人物人格之完美。至於所謂依據史實，或則是指奸佞末路幾節，與史實相去不太遠。明人在末了所加征遼的一節記事，或則是明代外寇侵入的反映，要非當時事實。

明代中葉以後，頗受外寇侵入之禍，反之揚國威於海外的事跡當時的確也有。如永樂中的宦官鄭和奉命遊於海外，卽爲顯例。後來，這故事經過種種傳說，更有聲有色。萬曆中有羅懋登（二南里人）者，根據這種傳說，再輔以自己的想像，作成西洋記二十卷，一百回。同時有無名氏，以宋代楊氏一門的武勇故事，加以渲染，作成楊家府世代忠勇通俗演義八卷。可惜兩書都不及水滸，前者筆調太曲折，而後者則失於粗淺，都不能算是好書。

明代佛道二教盛行，所以宗教小說也不少，這在前面已經說過。其中最有名的爲吳承恩的西遊記。關於這故事本身的嬗變，已在第八章中敍過，遠在元代已略具今日的形式，吳氏所改編的詳細情形，却不明瞭。所謂吳氏作此書者，亦是根據明末的文獻，在原書之中，任何版都未提及作者姓名。吳爲嘉靖隆慶年間人，所謂吳本，與永樂大典中所引用的殘本相對照，不同之處，在於吳本用的是白話，及文筆都經潤色。在現行吳本中，關於玄奘出身的陳光蕊的一段話，殘本中完全沒有。此外，還有萬曆中朱鼎臣及楊致和的抄略本，朱本十卷，末了二卷與前八卷完全不同，十分簡略，而陳光蕊的故事，却見於此本。楊本之中，前後的繁簡是統一了。然而清代最流行的作品，却是經過兩次改訂的陳士斌的西遊眞詮，從此陳光蕊的一段故事是由汪象旭加入了，書首第九十兩回重複之處，亦已删除。書中最最活躍，最最打動讀者心理的，是孫悟空的仙力，他是一個好惡作劇的老猿，心目中充滿了人類的慾望，常常與人類的正義觀念相爭持。他雖具有超人的能力，但每犯不端，必爲佛力所征服，行動致受束縛，結局仍不出佛教宣傳的窠臼，贊揚佛的威力罷了。不過明代三教混淆，所以道教的神祕力，有時也混入。

封神演義（許仲琳著），是把武王伐紂的故事，再附會上神魔仙佛之說，敍述援助周武的釋仙，打倒了助紂爲虐的神怪。結果以紂王自殺，武王分封功神勳臣爲殿尾。內容方面，道佛二教的勢力爲骨格，而非站在儒教的思想上。

三遂平妖傳，是述宋慶曆中，稱東平郡王王則的故事，離史實很遠。說他娶了有妖術的汴洲胡浩的女兒，乘知州的貪欲昏庸，收攬人心，興起叛變，但結果仍屈服於佛家威力之前。相傳作者爲羅貫中，但今日所流傳的本子，爲明末馮夢龍增加了一倍，共四十回本。這類宗教小說，爲數頗多，其中充滿道教氣氛的，爲明末的韓湘子，楊爾曾著，離史實甚遠，竟以韓湘子爲仙人的化身。

大凡宗教小說，有一共同的流弊，內容多不免架空。但是中國的第一部寫實傑作金瓶梅（笑笑生，）却也在同一時期同一環境中產生。作者的名氏不傳，所取材料，爲水滸中武松殺嫂的一節，加以潤色，以嘉靖萬曆間無賴出身的暴富者爲中心，將所謂土豪劣紳跋扈的私生活，赤裸裸地描寫出來，中間有奔營私利的貪官，有放縱色慾的淫婦，有專做撮合山的媒婆，有專管人家陰私的遊民，有生活於女性中的僧侶。主人公西門慶仗賴金錢，結託豪門，因得官職，一面在繼室吳月娘之外又娶李嬌兒孟玉樓孫雪娥潘金蓮及李瓶兒的數女爲妾，尤嫌不足，到處與有夫之婦，房中的私婢之類，發生性的關係，奸吏更枉法曲理，放有罪，罰無辜，專做殃賊民衆的工作。把女子嫉妒，重迷信的心理，及宗教家貪錢的心理描寫得維妙維肖。其中西門慶與李瓶兒所生的孩子，爲潘金蓮嫉妒心的犧牲者，驚悸而死，瓶兒不勝悲哀，亦相次死去，接着西門慶犯花柳病而死，衆妾星散。其後，或則就是爲了因果報應關係了，環繞西門慶的女性，差不多皆受了平素惡行之報，沒有一人有好結局。惟有素來心向佛門的月娘得免於宋末靖康之難。因感世事之無常，將自己的兒子，也送入佛門，結果得遂長生。從後半本來看本書，或則亦可以說是受了佛教勢力支配。近年有金瓶梅詞話的影印本出來，中多山東土語，頗近原本。

小說界情形十分熱鬧的當代，但沒有才子佳人的傑作出來，到是很有趣的現象。實則從來認爲明代的作品，差不多皆在淸初。或則當時明末的社會，墮落太甚，單單描寫青年男女的戀愛故事，還不夠刺激，隨着奢侈淫靡的世風，乃有淫蕩小說出來，如繡榻野史（呂天成）歡喜寃家浪史癡婆子傳等，都是毫無文藝價值的淫書。又如僧尼孽海（假託唐寅）則以文言體裁揭發古今緇流的陰事，一片情則以白話體寫情事，兩書都是短篇小說。

萬曆年間，裁判小說出得很多，包孝肅公百家公案演義，據說卽爲後世包公案的藍本，與海剛峯先生居官公案，皆有南京萬卷樓精勘的刊本。此外，尙有一種上圖下文的建安刊本，文辭旣拙，中又夾入白話，內容亦殊不足道，祇將當時裁判的顚末記錄下來的一種彙集本，中間也有改頭換面的改題本。至於敍述裁判書集之所以出得特別多，大概由於明代的判案，多不得公平，因此，民衆特以某名公的神斷冠其書名，表示一種願望而已。

關於短篇小說，還有一事也值得一提，卽中葉以前，多用文言，如明初瞿佑的剪燈新話，卽是以怪談集知名於時。嗣在弘治年間，邱文莊刊行鍾情麗集；萬曆年間，國色天香萬錦情林繡谷春容燕居筆記等文言的短篇小說集，繼續出現，內容多大同小異，甚至根本講同一故事的亦有。不過在另一方面，不同的故事，用同一書名出現的也有。其中燕居筆記，最知名於後世。此外，白話體的所謂通俗短篇小說集，明末亦繼續出現。有確鑿的證據，可以信爲最古的資料者，似爲嘉靖年間的刊本洪楩（子美）淸平山堂所刊行的話本集，現在北京大學圖書館，錢杏邨氏及日本的內閣文庫，都分藏一部分但都是無總名的殘本，總名爲何，以及合計究有幾本現在都不明白。考核晁氏寶文堂的書目著錄，大約應爲百種不過未必刊於一時，或則絡續刊行，初無一定的總名，亦未可知。大名鼎鼎的三言二拍，大約編刊於天啓至崇禎年間所謂三言，是指馮夢龍所編的喻世明言警世通言醒世恆言等約各四十篇。其中喻世明言現在不見有四十卷本，但見一種殘本，與一種二十四卷本。其他二書，初版亦未發現。所謂二拍，是凌濛初所撰的拍案驚奇二集，各四十篇，但是內容完整的版本，現在亦未發現。這幾種書本是宋元以來話本的編訂，其中三言，沒有一篇馮的自作。二拍則與之相反，大多爲凌的作品。三言二拍的研究，到最近十年，變成十分時髦，或則三言本來不是當初的書名，在現存的類書中，原有名爲古今小說一書，計四十篇，或則三言卽是脫胎於此書中亦未可知。其後書店老闆販印時，才冠以三言之名，假使這個推測不錯，那末三言的初印本，根本是沒有的淸初流行的抱甕夫人的今古奇觀，是從上述五書中選取四十篇，刻印單行本。自這本書流行後，底本反致滅亡。這些短篇小說的內容，原是多方面的，未必盡爲明人所作，這裏也不再分類研究了。

明初的北曲，受南曲的影響，無復元代嚴整的規則，而且漸漸衰落。自從以誠齋樂府出名的朱有燉周憲王以後，絕無大家出現了。樂府之名，卽是這類戲曲的別名，元代用以稱呼北曲，後代用以稱散曲傳奇之稱，原是指文言體的短篇小說，元代却以之稱北曲，到了明代，變成與雜劇相對的南曲的別名了，後又一轉，變爲長篇戲曲的名稱在中國的文藝史上名稱及其所含之觀念往往因時代而不同。

北曲失去了民衆娛樂的本質，變成王侯公卿的玩物時，南曲便代之而起了。南曲的典型，與北曲略有不同，每一幕稱爲一齣，幕無定數，首幕稱開場。曲大概是歌唱的，不限於一幕一人，合唱分唱皆有。一齣是從數套拼起來的，宮調與押韻中間隨時可以更換，襯字卽字餘很少，話氣短促，樂器以簫管爲主，篇末無題目正名，但有下場詩，脚色的名字也改變了。

正德中，江蘇崑山出一位天才作曲家名魏良輔的，始作崑曲，受樂師之輔助，將樂器唱法大加改良，富有野味，以無定律的南曲與管絃合奏，頗爲幽雅，成績極佳，壓倒從來弋陽海鹽餘姚的各種土曲，風靡江南。萬曆末年，更傳至華北，在淸初遂盛極一時。這時，閒暇的文人漸有從事試作南曲的傾向，因此美麗的曲詞，也逐漸產生，甚至後來連台辭都用駢文。結果南曲遂漸與民衆脫離。其弊遂至有若干曲詞，根本不能上演，祇可供閱讀而已。當時北曲益亂，有與南曲相混雜的稱南北合套，以南曲的調子來歌唱北曲。

明代的戲曲，以湯顯祖（臨川）的還魂記（牡丹亭）最爲有名，中述杜太守的女兒夢中遇見青年柳夢梅，遂至害相思疾而死。後來柳偶過其處，從梅樹下掘出屍身，乃得重生而團圓。故事的結構，出於情理之外，但歌詞雅麗，內容又爲戀愛故事，遂爲一般人所愛讀。上演時據說甚好。與此曲同時的名曲，多以唐代的小說故事爲基礎。湯的作品中，此類亦不少。此外如紫釵記根據霍小玉傳，枕中記根據邯鄲記，南柯太守傳根據南柯記，尙有陸采的明珠記根據劉無雙傳，張鳳翼的紅拂記根據虬髯客傳，梅鼎祚的玉合記根據柳氏傳等都是。中間有幾部作品全部都用元曲的也有。純粹創作的東西，有屠隆的修文曇花二記，顯受道教的影響，鄭之珍的目蓮救母及徐復祚的一文錢，則受佛教的影響，鄭若庸的玉訣記描寫妓館的內幕，王廷訥的獅吼記，則表現婦人的妒嫉心。此外，尙相傳爲王世貞所作的鳴鳳記，則敍述政界的情形。

明末受湯影響的代表作者，首推阮大鋮。阮爲風流的政客，自己的日常生活，已充滿戲曲的題材，所作有燕子箋春燈謎二種，信爲佳構，雖爲明末大亂時期中的作品，內容亦不外戀愛故事。

（十一）清代的學術

向來偏重實際的儒教，到了明末的經學界，却完全脫離了實用。就以做學問的方法而論，也專向淺窄一路行去，漸有行不通的趨勢。因此，關心實際社會的學者，便設法另闢蹊徑，別求出路，亦爲當然的結果。其中代表者便是淸代考證學的鼻祖顧炎武。

顧炎武（亭林）明末人，生於江蘇崑山，一生憶戀明室，不屑仕於異朝，常痛罵當時頽廢的學風。幼時曾習宋學，故對宋學頗有根基，大致上不非難宋學，以爲理學卽經學，尊重程朱，對謝陸之徒則施攻擊，以爲他們表面上雖稱揚儒學，實際則陷於禪學。又以爲明代講學之風雖盛，但事實上却完全忘記了讀書解經的根本之道，而空論心性天道，此猶魏晉的淸談，祇知空言孔孟遺精，存粗失本，究末以空言代實行；其流弊所極，更凌駕於昔時，以爲造成這種弊端的，王陽明的良知說應尸其咎。他同時也承認科擧之弊，使學問流於偏狹，因深嘆明代的學界，祇知好奇改經，竊書妄作。

亭林的理想，在於博學知恥，修己治人。在修身經世方面，崇尚實用，因此，他私淑遠在隋末的文中子。因爲文中子生時，以爲隋室不足仕，歿後唐太宗用其遺教，政治上造成貞觀之治，故爲顧炎武所特重。

他的學問是多方面的，經學小學是不用講了，其他史地金石亦無所不精，所著隨筆雜考名曰日知錄，都三十二卷，甚爲有名。但他自己以爲所學應以能佐輔英主，優厚民生，增強國勢爲要圖，乃成天下郡國利病書，特以天下形勢，民生利害爲主眼。可惜此書未竣而逝。後世的人，單認他是考據學者，實在不公平。單以考證一點而論，成績或則猶不逮後起的俊秀，不過能擺脫主觀，博求客觀的確證，不重舊說而貴創新見，在學術上開了一種新的風氣，遂成了考證學的開山祖，不但有用於當世，就是對整個明代的學界也投下了一塊革命的巨石。

黃宗羲（梨洲）爲王陽明同鄉，浙江餘姚人，初承劉宗周之教，爲一純粹的陽明學者，主張慎獨。嗣見陽明學者的末流祇知耽於空談，流弊甚大，遂悟太偏於讀書，致不合實用之害。因主張併讀經史，自己自十三經二十一史起至諸子曆算道佛諸書，無所不讀。他在明末，企圖一掃奸邪之輩，翦除國蠹，父讎國變以後，曾一度赴日本長崎，意欲爲明室借兵，不達目的，遂返鄉里，主張讀書講學，提倡實踐。自己所作明史案稿本二百四十四卷付於高弟萬斯同，以老母及生病爲由，謝斷了清室的召徵。他爲學是多方面的，著述頗多，對於史學造詣特深，遺著中有日本乞師記一種，堪爲明末史料。明史以外又擬編輯宋史，可惜祇開其端未曾完竣。關於孟子乃輯合劉氏之說，作成孟子師說四卷。又有明文海四百八十三卷，爲彙輯明文的總集。明儒學案六十二卷，乃評述明儒的流派傳略學說，爲一種學術史，甚爲後世所重，同樣宋元學案爲後人全祖望所補修，計一百卷。此外，尚有明夷待訪錄二卷，乃輯合他的政治論，闡述君臣的關係，反對後世的人主違反民意，祇營私利，而認湯武之放伐桀爲合利，以爲君主的權利義務以不違反人民利益爲條件，力說君臣的關係爲相對的而非絕對的。這種思想對於淸末的反滿革命，顯然有甚大影響。

與黃相同，排斥橫流的王學，企圖復興明室，事敗隱棲，結果從事著述生活的有王夫之（船山）。他攻擊陸王，他的態度，以爲宋朝五子，已經升堂入室，平素主張朱子之學，崇尙張橫渠，爲正蒙作注，思問錄內篇，最能表現他的倫理道德觀。他著書頗多，從四書五經史地老莊以及詩文詞曲，無所不及。讀通鑑論三十卷，宋論十五卷，最能看出他的史學，主張力說自由平等，以君主專制爲非，據說淸末譚嗣同等起於湖南的革命思想，卽淵源於此。他治學的態度重實證，斥迷信，崇尙經學中易，以經學爲根基。

顧黃王等學者，都是生長在宋學的環境中，而能擺脫宋學的羈絆。此外，尙有許多學者，却始終以宋爲止境，並未能跳出一步。例如孫奇逢（夏峯）明末人，頗有氣節，曾將受刑而死的友人，送回故里容城；受流賊包圍，他起來驅逐。淸室興起，他決意退隱，晴耕雨讀，慕義而來的人，聚居成鄰，他爲之說道講學，終身不仕。他浩嘆當時的學者，不重躬行，而空爭朱王，自己因不拘泥一家，並採朱王之長，而折衷之，重實行，尙獨居。所著理學宗傳二十六卷，爲各理學家作傳，特舉周張二程邵朱陸薛王十一子爲正宗，董仲舒以下，再將張橫渠等各家，依次排列，在略傳之後更附述學說。

夏峯的高足中，有湯斌（潛庵）他對朱王二家，無所軒輊，並採其長，努力於實用實行。與黃夏並稱爲三大儒的李顒（二曲）陝西人，貧苦力學，經史百家釋道之書，無不讀，以陸王之學爲根基，兼採程朱之長，文集中也有關於政治經濟實用方面的論文。他以爲天下的根本在於人心，而人心的邪正，則在於人之學問，因欲以學問正人心，說反身悔過之道，他說四書雖然平易，但欲反省實行時，亦頗有不易之處，因著四書反省錄，清室徵名，他亦終生不往。

陸世儀（桴亭）與陸隴其（稼書）並稱，當時人稱二陸，同爲朱子學者，繼承周朱二子的學說，倡理氣一元論，學說以居敬窮理爲要，寡言實行爲旨，前者終生不仕，以講學著書爲事，著作中以思辨錄爲最有名。後者歷任地方官，德行治績，並聞於世，著作亦不少，以松陽講義等爲最有名。

清初的宋學者，主要的是上述諸人，其共同點爲重修身治政，以躬行實踐爲旨，尊崇朱子，兼採陽明之長，這是由王學之徒，僅事空言的反動，但是對於陽明的修養法，亦不一概摒棄，往往欲折衷陸王與程朱之學。對王學意圖根本排斥的，惟有二陸，但反對自反對，排斥自排斥，採擷其長，仍不偏廢。他們中很少有人出仕異族，這是氣節所致，而決非根本忘懷天下人民。

當時主張躬行實踐的人，特別顯著的是顏元（習齋）李塨（恕谷）二人，他們是師弟，不但不承認王學，且以為宋學全體，皆與佛老相混，徒事理論，不根體驗，因大加非難。更以為漢學全體，亦太耽於讀書，而不切實用，因此亦加攻擊。主張真的學問，在於有益於日常行事。他們的學說，當亦不外王學的反動，而二人幼時艱苦奮鬥的經驗，更使堅信不疑。

顏直隸人，一度曾為朱家養子，待養父母死後，仍復原姓，其學初喜陸王，後轉學程朱，一生不仕，晚年受聘於漳南書院，實施自己的理想教育法，教授經史，實用文學，兵法，六藝，及自然科學，學生大集，諸事方就緒，乃逢大雨，洪水泛濫，一切計劃，遂盡付東流。

李亦直隸人，學行有名於鄉里，有父年青時，仰慕顏習齋，遂往乞教，傳顏氏的學說，欲進而改善世風人心，時為地方官所招，曾有所建議，終生亦不仕於朝。

顏氏的主要著述，稱四存編，即存性，存學，存人，存治，因此，他的學說，亦稱四存之學。

他們都是重實際的人，因此他們排斥抽象的形式的道德論，而尊重實際的積極的實行論，最嫌惡讀於實用無關的書，發於實際無用的空論。揭破宋儒所重的主靜，不但闇於世事，而且有害健康。因此，朱子都棄置不足道，主張直溯孔子，力說實習實學，即我身實行。進而企圖社會救濟，實際教育，兵農一致，生產增加。非難土地私有制，足以產生貧富之差，製造游民，因主土地均有制。總之宋儒的學說是靜的，而他們的學說恰恰相反，到處是動的。

顏李的學說在偏重個人主義的中國，可謂放異彩，可惜因難於實習，致後起無人，遂成了絕學。

世人往往以顧炎武為考據學的始祖，其實從純粹考據學的見地來說，他實在還不夠資格。因為比較粗淺的考據學，在宋朝有鄭樵，王應麟，洪邁，程大昌諸人，在明代則有楊慎，焦竑，梅鷟，黃文煥等，程度雖有精粗之差，但同為考據學則無異，所以顧炎武實在不能算是考據學的始祖。而且顧氏本人亦對正統的朱子之學，頗表敬意，所重為實學而非考據。他如被認為清朝考據學的鼻祖，原很允當，不過真正給與宋學致命傷，而使之遠離實用之學的，還推閻若璩，胡渭二人。

閻若璩（百詩）山西太原人，所作尚書古文疏證，為考證學中的名著。原來當時的古文尚書及孔安國的傳，自宋元以來，即成為學界的疑案，聚訟紛紛，不得解決，他卻斷定是東晉時的偽作，而絕非漢初所出現的東西。一部千數百年來被儒教徒認為經典的古書，從此受了致命的打擊。他所提出的證據中，有現行本的篇數及篇名，與文獻所見的漢初出現的古文尚書不一致，又與逸文亦不合，而從押韻法上看，反有增入逸文的形痕，又孔傳中的地名，有的根本是孔安國以後的名稱。當然，他所呶呶不休的，也有不得要領的地方，這是由於他對於聖典多少尚有些忌憚，又考證的方法，當時未曾確立所致。但大致上古文尚書爲僞託之書，却成了定論。其後毛奇齡曾作古文尚書寃詞，特創異議，可惜內容空虛，不值一顧。惠棟有古文尚書攷，王鳴盛的尚書後案，江聲的尚書集註音疏，段玉裁的古文尚書撰異，孫星衍的尚書今古文註疏，皮錫瑞的今文尚書攷證等各書，都既精且密，不但爲僞古文尚書下一斷案，且創造出一種新的風氣，即對向來所認爲神聖不可侵犯的經書，也漸取批評的態度，單以這一點而論，其功已不可湮滅。閻氏又精通地理之學，此在疏證中已可概見，此外他又作四書釋地一書，隨筆有潛邱劄記，及批正日知錄失考之處。

與閻氏幷稱的有胡渭（胐明）他精通地理學，著禹貢錐指，考證尚書禹貢篇中經注的地理，以補充閻說。又著易圖明辨，指出向來被認爲宋儒基礎的河圖洛書，實際爲道士陳摶所造，與易本書絕無關係。但宋儒自邵康節以來，皆認之爲金科玉律，經此打擊，宋學的陳營，使逐漸動搖了。

同時，有姚際恆其人，根據宋濂的諸子辨，胡應麟的筆叢等書，以懷疑的眼光來看古書，作成古今僞書考，在經書中作九經通論，可惜後者傳流不廣，在儒學中影響不大。

毛奇齡（西河）著書甚多，揭發宋學之非的地方亦不少，祇因生性好奇，故立異說，好貶他人的學績，因此功過參半。

康熙年間的經學者，有黃宗羲的弟子萬斯大萬斯同兄弟，及朱彝尊等，斯大對禮及春秋特別精通，著周官辨非，以爲周禮所載，非周初的實際制度，而爲周末的空論，斯同亦重禮精通史學。

清初的學者，對於古經古傳，漸漸抱懷疑的目光，加以批評，蔚成風氣。自蘇州惠棟出後，更有長足的進步，爲學問而學問之風漸起。清初學者的態度已略如上述主張漢學復興，這是對宋學末流的反動，但也不盡是排斥宋學的正統，毋寧是企圖把宋學，漢學折衷。又因空論的反動，所以高唱實學，主張實踐躬行，經世濟民。尤其是後者，是明末諸遺老希望恢復明室的結果。清朝初期諸帝，更採取巧妙的文化政策，因勢利導，一方面強迫禁止與清帝治政不利的文書典籍的一部份乃至全部，另一方面則獎勵學術，使學者埋頭於學問的研究中，無暇旁及。一時學者，亦承認漢人暫時無恢復天下的希望，自其埋頭於學問，努力忘懷世事。因此，經學史學，甚至連地理之學，都與政治脫離，而走向考證一途。一談到考證，不滿足宋學而傾向實學，毋寧爲當然的結果，折衷二字，反忘記了。

考證學中總是將最古最可信的文獻字句，下客觀的解釋，以求出歸納的論斷，與偏重主觀的宋學，在研究上根本異趣。

確立考證學根基的是惠棟（定宇）棟吳（蘇州）人，祖父周惕（研溪）父士奇（半農）三代都是大學者。祖及父不單攻漢學兼採朱子之學，到了父親，因為解釋經的註釋，專採近於經書著作年代的解釋，因此以為唐重於宋而漢則又重於唐。棟承家學淵源，態度更明顯，他把漢儒的經說，捧至與本經幾乎相仿的地位，判斷是非的標準，則往往以漢儒的是非為準則。反而忽視了自己的創見，不外純粹漢學的復興。因此他的得意傑作易研究完全剽襲漢易無甚新意。但漢易傾向讖諱，說五行災異，他對此却並無興趣。

惠棟的門人中，有不少名家，這派採惠棟的生地作派名，普通稱為吳派，以與下述戴震的一派相別。其中余蕭客（古農）輯集今日完全失傳的唐宋經解，編纂成古經解鈎沉，江聲（艮庭）排斥偽古文，注今文尚書作尚書集解音疏；王鳴盛（西莊）闡明偽古文之偽，作尚書後案，又校補正史的本文史實，作成十七史商榷，輯合考證隨筆，成蛾術篇；錢大昕撰博學詳考二十二史考異十駕齋養新錄等書；王昶傾向金石學，編金石萃編，此皆惠棟的門人。又編輯清儒傳略，作成漢學師承紀的江藩，嘗學於余江二家，錢的乃弟錢大昭，是小學名家，亦應附於這派中。

屬於吳派的學者，此外還有孫星衍（淵如）洪亮吉（稚存）汪中（容甫）等大學者，孫著尚書古今文注疏，在作文校書方面，孫洪並稱。汪以述學一書，特別有名，皆以校勘出名。

皖派卻拘泥漢儒的說素，未能盡飫人意。因此，更進一步，以自己正當的識見，根據可信的古書，來解釋古書，下是非的判斷，很自然的起來了。這是皖派，所謂皖者，是以此派鉅子戴震的生地爲名。

戴震（東原）初學於通禮及音韻學造詣甚深的江永之門，後又求教於惠棟，再加上自己的研鑽，遂集考據學的大成。他在幼時，已經考慮到求學的過程，以爲經書之要在於道字，明道之法爲辭，成辭之原爲字，因此主張學者的初步門徑爲研究文字之學。他自己精通小學是不用講了，其他經學、天文、曆算、地理之學，亦無不旁通。他本人是個博學者，爲學之時，特別標出淹博、識斷、精審三難，後來王引之批評惠棟時，就有「識不高心不細」之語，以爲棟祇止於第一難。他又說「不以人蔽己，不以己自蔽，不爲一時之名，亦不爲後世之名。」爲學者之戒。

戴震在考據中，有他自己的哲學，可在孟子字義疏證、原善二書中看出，這二書原是探討宋儒之說，欲以實際代空論。他以爲宋儒的理、性、才三者，未當原義，實脫胎於佛老的精神，程朱欲強分理與欲，排斥私欲，重視理性，實則聖賢固未嘗言理，即知情欲三者，欲從人心中拔除，亦不可能。孔孟不廢人之情欲，祇以不悖道義爲限。因此放縱慾心便生私，知識不足乃生蔽，此兩者卽爲善與不善的起因，引以爲戒。他的議論，因排斥宋學而起，平心觀之，如以宋儒之欲爲私欲，正當的欲望本寓於天理之中諸說，議論不中肯，在哲學的立場視之頗爲膚淺。

戴氏終生不遇，門人頗多，傳其學於四方，其中也有專門傳他學問的專家，普通被認爲正統的戴派，有段玉裁王念孫王引之，所謂戴段二王之學。這三人對於戴氏的小學，特別有成績。

江蘇金壇段玉裁（懋堂）爲說文學的泰斗，向來被學者認爲金科玉律的漢許愼所作的字書說文解字一書，他爲之作注。其在今日，當然不能算是完整無瑕的作品，就在當時，也已有二三部補充的作品出來，但是一向所認爲難解的說文解字，自經他注釋後，劃一新時代，其功却不可沒。此外尚有古文尚書撰異一書。

江蘇高郵王念孫（石臞）王引之（伯申）父子，亦長於聲音文字訓詁之學，父著廣雅疏證讀書雜誌，子著經義述聞經傳釋詞，皆被認爲傑作，古字書廣雅的研究，至此而集大成，雜志糾正史子等十書的濡文古義，述聞則正諸經的注疏，釋詞則說助辭的用法。考證學到了他們手中，已自經傳而旁及子史，不獨漢儒，卽師傳之說，如有誤謬，亦不憚是正，態度也非常嚴明了。

戴段二王之外，可列於皖派的學者名著，此外尚有與戴同學於江永之門的程瑤田，有通藝錄；有學於戴震之門的孔子子孫孔廣森，著春秋公羊通義大戴禮記補注；通漢易的張惠言，有各種箋注及儀禮圖，通曉四部的焦循，則有孟子正義羣經宮室圖毛詩地理釋；劉寶楠有論語正義；陳奐有毛詩傳疏；都是名傳於後世的主要經學者。因此，直到清末，羣經諸子，猶多新的箋注出來，都是汲此流的。

戴段詳細的考證，無非是要究明經學之道的梯階。而且不拘泥於漢儒之說，較惠棟更進一步。然而其後考證學漸漸成爲專門的，過分穿鑿流於微細，反忘了明道的本義，可謂捨本逐末，甚者泥於家法，以戴段之說爲無上信條，不敢擅越雷池一步，這當然是徒然襲取戴段的外貌，而忘了他們的根本精神。

這時期中的宋學，衰頹不值一顧，惟有桐城派的古文甚盛，主張略近宋學，但爲考證學者所不顧。而且對於古文尚書的考證學，以其中爲宋學所重的大禹謨一篇爲不足信，大觸宋學之惱，二者漸漸失和，因反對考證學，在考證學方興未艾的氣勢中，方東樹特著漢學商兌一書，從正面攻擊考證學，略有異色。

考證學者的經學研究，是以文字學及音韻學爲門徑的，因此，清代在這方面的研究及著述頗不少。音韻學是由清初顧炎武開其端的，所著音學五書，毛奇齡也有數種著述，江永的古韻標準，音學辨微，略集音韻學的大成。戴震有聲韻考，聲韻表，段玉裁有六書音韻表，姚文田有古音諧等著作，要皆不出爲了解釋古書，才應用古韻。後來漸獨立地研究古音。以爲宋元以來的音韻的分類過於繁多，所以擬將分類較少的古音，重加劃分，古音書的校刻，也起於這時。受西洋印度音韻學的影響的有清初的劉廷獻，創[illegible]一種與注音符號相類似的字母，因其所著之書新韻譜不傳於後，所以其詳不得而知。

文字學中最重要的爲說文研究，以上記的段氏注爲首，前後曾出數書，桂馥的義證，朱駿聲的通訓定聲，王筠的釋例，句讀，都是此中有名的作品。此外爾雅有邵晉涵的正義，郝懿行的義疏，廣雅有錢大昭的疏義，王念孫的疏證，方言中有戴震的疏證，釋名有江聲的疏證等書。其後以阮元之名所作的經籍纂詁，注解古書的文字，引用古文來證實訓詁，是一部名著。欽定的字書有康熙字典，雖有誤謬，應用卻很廣。

金石學本來是文字的附庸，因此常與小學共盛衰。王昶的金石萃編，乃蒐集歷代的金石文，加以訓釋。到了後來阮元的積古齋鐘鼎彝器款識，已轉變爲金石學的研究了。根據古代器物的銘文來研究古代的文學，在小學界已經起了一種革命。其先顧炎武錢大昕等研究金石學，是作爲史料研究的資料，翁方綱則傾向於鑑定法，包世臣等則作爲書法的資料，馮雲鵬的金石索，則很多考古的記述。因此同一金石學，研究記述的態度，又各自不同。

清初顧王黃三家精通史學，遺留著作，黃的門人萬斯同，承其師之學，獨力作成明史稿，同縣的全祖望，亦私淑黃氏，風氣所及，後來的考據學者，多旁及史學，王鳴盛的十七史商榷，錢大昕的二十二考異，趙翼的二十二史劄記，洪頤煊的諸史考異之類的書，先後出現。錢的養新錄，顧的日知錄之類，亦多有關史學的記述。正史的注補亦多，有的補正表志的遺缺，有的箋注考證古史，成績亦不容忽視。

由考證學一轉，遂有對古傳說表示懷疑的人，例如略與王念孫同時的崔述（東壁）以史記的三皇之話為偽，懷疑所謂三代的古史古經，下獨創的解釋。其所著考信錄中武斷之處固難免，卓見亦復不少。章學誠（實齋）不偏於考證，以為六經皆史，而諸子皆出於六經，敬服劉歆，尊重創見，著文史通義一書，辨訂經史文義，言多儒者所未發。

地理學在清初顧炎武劉獻廷等手裏已開其端，他們實查四方，探究各地的風俗，欲為後世政治之具，顧著天下郡國利病書，肇域志，皆為未竣之作，劉的著述亦多不傳，其後閻若璩的四書釋地，胡渭的禹貢錐指，都不是純粹的地理書，顧祖禹的讀史方輿紀要，始為專書，從史的立場，論天下形勢，頗近歷史地理，但記載實情，猶嫌不足。近代的地圖，則為傳教士來華以後，受了西洋學術的影響，才開始編訂的，至康熙年間而集大成，這固已盡人皆知了。考據學大家戴震撰水地記，直隸河渠書，因為他曾注過水經，所以古書水經的研究很流行，由清末楊守敬集其大成。經史的內容，從歷史地理學立場，加以考證的書集，其後亦有續出。李兆洛的歷代地理志韻編今釋一書，最便於檢查古今地名的變遷，應用甚廣。其他一省一府一縣的沿革志，所謂方志書，清代屢有官撰，各地考據學者多參與其事，其中保存史籍所不收的地方史料頗多，其中經濟的資料尤豐富，甚爲近代學者所重視。

從空論一轉而趨向讀書時，關於何學何書，有如何式樣的參考書，最爲學者的先決問題。康熙中朱彝尊所編的經義考，列記關於古今經書存佚的著述，附錄古今人的批評，學者稱便。其後謝崑的小說考，是模倣此書而不及此書。介紹批評各書的內容，所謂解題書也者，於學者最爲方便。官編的大叢書四庫全書收入存目的書籍，紀昀爲之全部作成一解題，稱四庫全書總目提要一書，其功最足稱道。後來更將此書簡單化，稱爲四庫全書簡明目錄，向來爲學者的津梁。後很多學者，將全部精力注在版本上，如邵懿辰的標注，最爲有名。後人爲之結輯成書，向來有非邵獨力之評。其後莫友芝根據邵目，加以取捨，成邵亭知見傳本書目，現在仍流行。原來珍藏古籍的風氣，不一定是考據學發達的結果，明末好事家已經沾染此風，不過考據學盛行之後，以得原本爲主旨，遂使尊重古本之風更甚，當是事實。因此，被目爲藏書家的人清朝很多，藏書目錄及解題之書後來也源源出現。不過藏書家非卽書誌學者之謂，這類書亦非藏書家自作。清初撰讀書敏求記的錢曾（遵王）嘉靖中曾寫過很多題跋的黃丕烈（蕘圃）上述莫友芝之類，都十分淹博，簡直可以列入學者之林也無愧色。但是考據學的進步，不一定是求古板書的原來姿態，甚爲明白，往往以好的底本彼此比較他書中引用的文字亦考慮在內，作成與本來面目最相近的版本。校勘（校讎）之學，卽發源於此。以校勘學出名的，乾隆中有著義門讀書記的何焯（義門）有刊抱經堂叢書的盧文昭（弓父）等，大學者王念孫，根據聲音訓詁也在讀書雜志中校勘子史，到了顧廣圻（千里）差不多成爲專家，以此爲餬口之資，代理孫星衍黃丕烈張敦仁等的校勘之業。政治家阮元，委託諸家校勘十三經注疏，今日看來，雖有非的本之譏，但在當時，却爲一大事業。校勘之風，不但行於經書，兼及雜史諸子，在學術上幾乎使古書有非必要之感。其次可以提及的，是輯佚的工作，是將古書中引用的零星殘存的文字，重新串貫起來，使已經佚亡的書籍，從朦朧中再度出現。在編纂四庫全書時，曾經從永樂大典中輯出佚書不少，一向傳爲佳話。乾隆中有章宗源，嘉道中有馬國翰等，都很有成績，尤其是後者，在他的手裏，成功玉函山房輯佚書，是有名的巨册。

清末的書志學者，有繆荃孫（藝風）楊守敬（惺吾）等，楊爲外交官，在日本任中，知道本國已散亡佚傳的古書，特輸回本國，可謂獨具隻眼。張之洞的書目問答，據說是繆的代作。葉昌熾集合藏書家的逸話，作成藏書紀事詩。葉德輝輯集書籍的歷史，稱書林淸話。這是同族之中書誌學的二大名著。

與書誌學的發達相表裏的，是清朝出版事業的大發展。清朝無論宮廷豪家，學者家中，賣書的店家，出版事業頗盛行。官撰的中國最大叢書，乾隆帝的四庫全書，雖爲寫本。但是大規模的叢書類書的出版事業，爲了學問，爲了教育，爲了賣名，爲了營利，到處盛行。一方面，愛玩古書的風氣，使宋元刊本的覆刻本出現，校讎之學，遂生編刊可靠的本子。民間的出版事業，久以江浙地方爲中心，自與西洋諸國的交通頻繁後，石印，活字印的印刷術相繼輸入，上海遂成爲印刷業中心。書肆則受朝廷編纂事業的直接間接影響，都集中於首都北京，蒐書家則多在蘇州。

書籍這樣普遍，對於清朝的學界，有很偉大的力量。學問漸漸普及民間，爲了營利而出版的書籍，亦復不少。曾國藩主張在各地設半官半民的官書局，實行以後，出版家頗能滿足髮匪以後學界的欲望。

藏書家也多，其大部分若非死藏，便是爲了自己的攻學，漸漸乃有半公開之風，可以表示趨向於圖書館事業的過程。即在今日，圖書館事業，猶未爲學界所充分利用，而私家藏書，則猶負担一部分責任。

清末以來，爲了兒女小孩而出版的低級的繪畫書籍，也逐漸出現。中國的天文曆算之學，受了明代基督教徒帶來的西洋學術的影響，才進一大步。清初有王錫闡，黃宗羲，康熙年間有梅文鼎，將中西的曆算之學，折衷而集大成，遺著頗多。聖祖也喜此道，益發促此道的發達，中西的學者，從事研究的很多，考證學者江永，戴震，也通此學，著有書籍，以後經學者兼通這種學問的很多，中葉以降，西洋的理學更大量輸入，譯述西書之風大盛。曾國藩所設的江南製造局，不但曆算之書，即其他的西學名著，亦多翻譯刊行。

明代宋學因上了絕路，反動的考證學，遂應運而生，但考證學經過相當時期後，也會跑進牛角尖去，而發現此路不通，毋寧爲當然之事。從學術的立場看，考證學最忌的是空論，但事實上涉及古書字句的解釋，異議紛然，亦爲當然之事。譬如關於古代衣食住的考證，因爲古器物都已失傳，跟着考據學的進步時代越古，便越渺茫，流於空論，幾不可免，而且考證學者所重視的爲爛熟的漢學，即是東漢末以鄭玄爲中心的古文學。在漢學中間，政府所公認的今文學，不如學者私下所努力的古文學之弘深，固是事實，同時鄭玄爲古今稀有的大家，亦不能否認，但是以得到本原爲旨的考證學，逐漸走向古代一路，因此，漸漸傾向於西漢今文學的研究，亦爲當然的結果。再以環境而論，清室的極盛時代已經過去，對於學者的抑壓威令與獎勵保護，亦逐漸不行，加以內憂外患，全盛時期，以學問爲享樂遊戲，亦漸不許，學者的一部分，遂至轉向開研究今文學的風氣。

今文學的萌芽，早在戴震生存的時代，已有武進莊存與，重經義，欲以公羊傳來解釋春秋，著春秋正辭，後輩劉逢祿繼其後，著春秋公羊經傳釋例，龔自珍自考證學一轉而傾向新文學，其文集對於清末革命派的思想，頗有影響。

他捨棄名物的訓詁，依據何休的公羊注，研究所謂微言大義，例如所謂春秋三世，是把春秋十二公的時間，分成孔子的傳聞，聞，見三世，即相當於據亂，升平，太平之世，亦即是社會發展的階級。又所謂春秋九世之仇，是莊公四年齊襄公亡紀國一事，春秋中記作「紀侯大去其國」，認爲是讚美襄公能報九代祖恥辱之讎。這種理論，對於清末的革命思想頗有影響，正式承認排滿興漢是進入太平之世的路徑。

初時限於春秋的今文研究，逐漸由左傳進而及於毛詩，逸禮的僞作論，以爲古文爲前漢末古文學者劉歆爲己說辯護而僞作的，三家詩的研究很盛行，魏源作古詩微，排斥毛詩一派儒教徒偏解，把詩看作文藝作品。又作書古微，道破馬鄭等的古文說爲不足取。關於逸禮則有邵懿辰禮經通論。清末出了廖平康有爲二個大家，廖的孔子改制一語，至康有爲而集大成，根據孔子素王說（即以孔子有王的實權，以魯爲王國，凡王可行之事，皆託之魯國）以作六經爲孔子治國的手段，將理想託諸之於堯舜，著孔子改制考。康又著新學僞經考，主張古文爲王莽時的僞作。他的政治論，則以公羊的三世說與禮記禮運中的大同小康論融合在一起，希望無國家的世界主義，共產主義的大同之世能見諸實現。又主張勞動的神聖，欲破壞家庭生活的自由，作大同書。與康並時，有譚嗣同，排斥國家主義及尊古思想，壯年就被西太后殺死。又有梁啓超，出於康氏之門，在政治思想界頗佔勢力，對於革命運動亦頗有力。

乾嘉之際，有自己好學問而優遇考據學者的政治家，前有精於史的畢沅（秋帆）後有通經的阮元

（雲台）二家的編著，多出於幕下學者之手，畢的續資治通鑑，阮的十三經校勘記皇清經解最爲有名。阮做兩廣總督時，在廣東建學海堂，刺激廣東的學界，因此不偏於漢學的學者，出得很多，陳澧（東塾）最爲有名。

中葉以降，學者的人數雖然很多，但值得特別提起的却很少。湖南因受曾國藩的獎勵保護，實學派輩出，如政治家的王先謙，曾招集學者於南菁書院，作成續皇清經解漢書補注水經注等書。

清末的考據學者，有俞樾（曲園）孫詒讓（仲容）王國維（靜安）等諸人。孫攻經學小學，所著周禮正義最爲有名，其他兩者，皆博涉文史，俞的著作頗多，總名春在堂全集，兼及諸子的校勘小說的考證。王的文學史研究最有名，在戲曲史方面最有成績。

自清末至民國，棄古採新之風漸盛，惟有章炳麟（太炎）堅守舊派的孤壘，擁護古文，否認出土的甲骨文字。但大致講來，考證學派的勢力，是漸有衰落的趨勢。

（十二）清朝的文藝

清朝的文藝作品，在體裁上幾乎看不出什麼創造性，這或許反映清代壓迫思想的自由，或許是漢學再興的餘波。假使從各種文體上來概觀清代，則散文勢力雖盛，仍不脫唐宋以來擬古文傾向的延長。元明時代已經衰落的駢文，又稍稍興起，這是由於洽博的學者，隨手摭拾故事熟語，羅織成文，性質上與六朝兩宋的駢文根本不同。詩亦稱盛，多模倣唐宋的作品，缺乏新鮮味，有數的佳作，亦多爲學者的餘技，不過是擺弄故事而已，根本就不像詩。惟有一派，以爲詩書畫三者，都是藝術的一種，有不可分離的密切關係，在中國詩壇上自成一重心，但是這並不是始於清朝，明末吳中的自適派，即其先輩，再遠些可以追遡到元代的趙孟頫，唐代的王維。戲曲小說，在明清之際，並無進展，尤其是戲曲中葉以降，改變方向，奔往俚俗一途，漸漸失去文學的價值，惟獨小說，到了清末，作風一變，往往描寫政治上的黑暗面，社會小說，頓行熱鬧。在文學諸體中，可以配得上稱進步的，恐惟有這一種了。其他詞比明代盛，但不及二宋，且缺乏新意。散曲亦祇有循凋落一途。

明末的遺老中，有兩個著名詩人，即錢謙益（字受之號牧齋）吳偉業（駿公號梅村）同仕兩朝，世人比較其出處進退，都以爲錢不如吳。然而錢的詩却不一定劣於吳，評者或以爲在吳之上，對於明末七子，及竟陵公安二派，批評得體無完膚，在內容上，晚年的作品多緬懷明室，一往情深。吳詩長於敍事，圓圓曲一首，最爲有名，詩多效白香山，作品大多悽豔，晚年悔仕兩朝，多懺悔前半生事蹟，情致尤深。其他如學者顧炎武（寧人號亭林）以性情爲主，排斥技巧，攻擊詩文爲無用，但偶然感時憤事，有所寫作，體裁往往爲一般詩家所不及，遺作中頗有懷念亡國的作品。

稍後有施閏章（尚白號愚山）宋琬（玉叔號荔裳）兩人，並稱爲「南施北宋」，因爲兩人生地不同，詩風亦異，施多溫柔，宋多雄健。

有清一代的大詩人，要推稍稍晚出的王士禛（初名士禛，後因避諱改士禎，字貽上，號阮亭，又號漁洋山人）他先天的秉質，後天的環境，都使他成爲偉大的詩人，初非偶然倖成。他本北人，承敎於南方的吳錢，因此調和南北，他又不忘兼採初唐中唐及宋元之長，在作品中宗孟浩然與王維，最擅長七絕，詩說中祖唐司空圖宋嚴羽，唱神韻說，所謂神韻，普通是指風致情韻，言人物之俊逸，音韻之淸麗，但漁洋所說，似乎有特別限制，他本人未曾明確地說明神韻作何解，祇不過舉幾個神韻豐富的實例。據他的意思，詩以興趣爲主，到了至極的境地，即精神上超越物我之差，佛家所謂坐禪入定的心境後，所做之詩，便得神韻，因此，他的神韻特質，是消極的，詩中所表現的心情景物，靜平廣遠，在表現上都是朦朧彷彿的。

王漁洋以後出現的詩論，主要的是趙執信的聲調論，沈德潛的格調說與袁枚的性靈說。

趙執信（仲符號秋谷）的聲調說，是努力於古詩聲調的模擬與發揮，尤其七古圖式，喧傳尤甚，成爲一部分學詩者的金科玉律。談龍錄聲調譜是他的作品。據說他不滿神韻說，從漁洋身上得此觀念。其實追溯起來，可以經過錢吳一直到明末淸初的馮班（定遠號鈍吟）

沈德潛（確士號歸愚）是詩人，但他的價値在批評，不在作品，以編輯古詩源，別裁集，知名於後世。他初著說詩晬語，後亦恪守己說，宗漢魏的古詩及盛唐的近體，重格調。但沈對於格調，並不十分拘泥，遠不如明古文辭派的嚴格。自袁枚出現，與趙同以爲作者拘於形式，失去表現的自由，大加非難。沈一生不遇，年六十餘始爲進士，高宗認識其詩才，相傳曾命其代作。

袁枚（子才號簡齋又號隨園）是個才子，以詩人聞名於當世，寓居江寧城西小倉山下隨園中，名流才媛來乞教的很多，私淑李白，溫庭筠，楊萬里，高啓，袁宏道等，作詩不拘任何格式，主張自由率直而且巧妙地表現自己的性情。他攻擊異說，排斥趙沈，更以重修飾爲理由，非難王漁洋。他的一說，普通稱之曰性靈說。

以上四說，各有短長，未能遽斷定何者爲是，但四者並非不能相容，一說，殆爲斯界定論。

與王漁洋並稱，蔚成南北兩宗的有朱彝尊（錫鬯號竹垞）他也學孟浩然，王維，而別成一派，他於古文詩詞外，兼精考據學，編著很多，稍晚有查愼行（悔餘號初白）後又有厲鶚（太鴻號樊榭）與袁枚並世，有蔣士銓（心餘又苕生號淸容）趙翼（雲崧一作雲松號甌北）乾隆時，並稱爲江左三大家，蔣以七古敍事詩知名，趙以諷刺諧謔得名，後者的甌北詩話，是把名家的詩個別評論，流行甚廣。大略與三人同時，有沈的再傳弟子黃景仁（仲則又漢鏞號鹿菲子）是個短命詩人與舒位（立人號鐵雲）同以淸貧爲後人所同情。黃的作品，同他的生活一樣淸苦。

詩與書畫一樣，也是藝術的一種，三者有不可分離的關係，所以在中國文學界，有人出來主張三者關係的不可分，是很自然的。其遠祖有元的趙孟頫唐王維的詩畫明代有沈周唐寅的詩畫祝允明文徵明的詩書雖不及趙但亦極娟秀，明代的董其昌，更三者兼能。

入淸以後，王士禛詩重興趣，他的詩中同樣也得畫趣，據說他的繪畫，往往與詩相通。較稍後出的金農（壽門號冬心）是好古的藝術家，蒐集金石文，好遊山水，於詩書畫三者皆挺秀，鄭燮（克柔號板橋）不爲專家所重，却是詩名很普遍的詩人，書畫亦有名，他的對聯到處皆有。他之所以成名，在於不用難句難字，爲知縣時，施仁政，退隱後自耕自食，以詩酒爲侶，詩中往往表現反抗虐政的意見。

翁方綱（正三號覃溪）也是精通書畫金石之學，能作詩。其他有實地執筆的詩人，如張問陶（仲治號船山）工書畫，郭麐（祥伯號頻伽）陳文述（退庵號雲伯）屠倬（孟昭號琴隝）都是詩畫兼通的人，嘉道之際的詩台，是淸詩的全盛時代。

明代的詩都模倣唐朝，此風影響到淸代，如錢謙益也以爲宋詩可採，王士禎則採楊誠齋。桐城派的文人姚鼐，編纂五七言今體詩鈔，選蘇黃以下的宋詩，但作家則往往舉工書的何紹基（子貞號東洲）他於李杜之外，兼重蘇黃自己與鄭珍（子尹號柴翁）莫友芝（子尹號邵亭）金和（弓叔號亞匏）三者並稱。政治家而兼古文作家的曾國藩，在詩中亦提倡宋詩，因此宋詩在這一派中很流行，依照年號稱同光體。近來的後繼者有陳之立，鄭孝胥。江西詩派的弊害，在於難澀，因此這派的詩也不免此弊。

宋詩的復興，雖是淸代詩台上的新傾向，但終不免於復古。因此自與歐美文化接觸後，便想注入新鮮的血液，青年外交官黃遵憲（公度）便是此中的成功者，把新的語言及外國語適當的嵌入詩中，寫長篇敍事詩，反對模倣古人。可惜這派所用外語新詞太多，結果亦未可謂大成功。

學者詩人有王闓運（壬秋號綺湘）李慈銘（炁伯號蒓客）等，但終不能跳出這範圍，其中如王詩，向有模倣過甚之評。兩人之先，尚有純粹的詩人龔自珍（璱人，定盦）

詞承元明兩朝衰微，有復興之觀，但要之仍不外復古，終難超越極盛期的兩宋。主要的工作，毋寧在選輯過去的名詞，加以整理，作成詞譜，詞韻，詞典等書，則頗有成績可觀。

納蘭性德（初名成德，字容若）可以說是惟一有創作性的詞人，他的作品，一般認爲有五代時的風格，早年喪妻，因此悼亡之作情致深遠。他自己也短命，才過三十卽死，是位薄命的才子。毛奇齡是多方面的學者，在詞方面與納蘭並稱，所作詞話，讀者尤衆。這二人都是婉約一派，與此相對，有陳維崧（其年號迦陵）的豪放。同時詩人朱彝尊亦可列入詞家中，朱宗南宋的姜夔張炎，乃師曹溶爲祖，開浙派的先河，汲其流的詞人，都是浙人，詩人厲鶚，亦可列在這派。

與浙派並無大差，但以北宗周邦彥爲祖的有張惠言（皐文）作茗柯詞，他是常州人，同鄉之中奉他爲祖的詞人很多，因此稱爲常州派，一時風靡詞壇，像黃景仁之類善詞的詩人，當時也頗不少。詞綜是浙派的選本，而詞選則爲常州派的選本。

清末的詞人，有鄭文焯（叔問號小坡又號大鶴山人）朱祖謀（藿生又古微號彊村）況周頤（夔口號蕙風）等。

古文派與古文辭派之爭，自明中葉以降，卽在文壇上卷起旋渦，清初以侯方域（朝宗）魏禧（冰叔號裕齋）汪琬（苕文號鈍翁又堯峯）三人爲最有名，繼承古文派，其中魏氏兄弟三人皆有文名，稱寧都三魏。

康熙乾隆之際，安徽省桐城地方有方苞（鳳九又靈皋號望溪）劉大櫆（耕南又才甫號海峯）姚鼐（姬傳又夢穀）三人相繼出現，主張唐宋的古文，繼承韓歐並歸震川之後，姚鼐更編輯古文辭類纂作爲古文的模範，因此天下文章皆取範姚氏。方苞本學宋學，由時文一轉而改學韓歐曾王，最好史記的文章，以爲南宋以來的古文，都已走入邪路，因攻擊語錄中的語句，六朝人的駢語，漢賦中的修飾，主張說經明道，恢弘教義以外的文字皆爲無用，因此碑誌之文，最戒人作。劉本非方的直接弟子，也遠不及方，不過私淑方罷了。姚曾受學於劉，又企慕方氏，因此姚的主張與方相仿。

當時，有從劉弟子錢伯坰（魯斯）的同鄉，江蘇陽湖人惲敬（子居號簡堂）與鄰縣武進人張惠言，並攻漢學，作古文時，不屑模倣桐城派，主張原原本本，直追元明唐宋漢魏先秦，因得陽湖派之名，實際上也不過是桐城派中的一支派罷了。

姚鼐門下，有所謂四大弟子，卽方東樹（植之）管同（異之）姚瑩（碩甫）梅曾亮（伯言）等，方姚亦爲桐城人，向管梅二人則爲江蘇上元人。此外，尙有劉開（方來號孟塗）亦知名於時，再傳弟子學於梅氏之門的人也很多，有名的如吳嘉賓（子序）魯一同（通甫又蘭岑）邵懿辰（位西）等，遂使桐城派的勢力遂漸瀰漫全國。

桐城非難載道以外皆為無用之文一點，原與宋學者的說素，有一脈相通，如方東樹，則在漢學全盛時代著漢學商兌一書攻擊漢學。但其出發點既為模擬古文，其末流遂至徒事模倣，內容空虛，原為自然的趨向。其間大政治家曾國藩（滌生號伯涵謚文正公）出來，借流行的考據學努力於實用的文字，編纂經史百家雜鈔，欲挽既倒的狂瀾，他以他的政治地位為背景，結果相當成功，一時如文人兼政治家吳汝綸（摯甫），政治家黎庶昌（蒓齋）學者如俞樾（蔭甫號曲園）詩人如王闓運，並出其門，一時稱盛。但曾氏歿後，其勢即衰。惟有吳的門下，仍呈景氣，如介紹西洋輸入的文化，及新聞雜誌的文字，多用這派文，因此直至清朝末年，桐城派還勉強保存勢力。姚氏編著的續輯，有王先謙黎庶昌的書，後者併收姚氏以前的作品。

清代駢文的先驅，當以陳維崧為冠冕，毛奇齡吳兆騫（漢槎）等則為之繼。乾嘉之際，遂有胡天游（一名騤稺威號雲持）那樣的大家出來，這時，袁枚邵齊燾劉星煒吳錫麟孔廣森孫星衍洪亮吉曾燠等並出，與當時的駢文家吳鼒並稱為四六文八大家。上述諸人中，如孔孫洪都是大學者，此外汪中亦是善駢文的學者，他如梅曾亮劉開等桐城派的文人也作駢文，遂使駢文家與古文家的反目，得到調和。到了清末的文人學者，如王闓運李慈銘周壽昌等也都巧於駢文。要之，清代的駢文作家，都是經學者及古文家的兼業，這是清代的特色，與六朝兩宋不同。

清代的戲曲，大爲不振，假使把雜劇傳奇二大派分別考慮，則雜劇與民衆生活更遠離，不再上演，成了文人的消遣品，但看雜劇之中，描寫過去文人生活之多，便可了然了。以作家論，清初尤侗（同人又展成號西堂又悔庵）爲最著名，稍後則有萬樹（花農又紅友）桂馥（東卉號未谷）等。

傳奇比雜劇上演的多，有南洪北孔之稱。洪昇（昉思號稗畦）的長生殿，孔尙任（季重號東塘又芝亭山人）的桃花扇，稱爲雙璧。長生殿敍述唐玄宗與楊貴妃的戀愛故事，從前代的許多戲曲小說中，廣採材料，將傳說中的貴妃穢事完全删去，而把它美化。內言玄宗從方士的誘導，至仙界訪貴妃，得到永爲夫妻的仙許後，便閉幕。中間插入少年偸聽霓裳羽衣新曲的故事，貴妃對梅妃舊寵的嫉妬，亂後樂人李龜年的零落，歌曲感動聽衆，因爲曲調脚色的整備，使聽者演者，兩不勉強，劇中伴以千古不滅的風流韻事，其中數幕，至今日猶能在歌場中保持生命，無論何人，聽到劇中的佳曲，便恍惚依戀，留戀不置。

桃花扇以文人侯方域，名妓李香君爲主人公，以明末亡國的亂離爲背景，政客的腐敗，忠臣的孤門，文人的多情，墨客的風流，藝人的氣節，妓女的貞操，使畢具個性，活龍活現。作者以當代的實事，依照史實，再加以想像組織，同時對於曲辭賓白，又照顧周到，難怪劇成不久，當即流行，也是很自然的結果。可惜作者對於度曲的知識很淺，闇於音律，結果遂使之與梨園逐漸緣疏，聽的人很少。長生殿之名，得之於驪山離宮中的殿名。桃花扇之名則因劇中有一節血畫桃花扇的故事得名。

清初的劇作家，有李漁（笠翁）以十種曲出名，反對文人讀曲的作品，主張劇本應以適合通俗的上演爲要圖。因此，他的作品多敍戀愛故事，中間再雜以滑稽。根據不修飾的記載，他的生活完全是幫閒文人，常常攜帶家妓訪問名家，或勸酒，或歌唱，自己賴爲生活之資。作品是他的底本，實則淺薄的內容，後世殊無上演的價值。他的戲曲的理論，見於閒情偶寄一書中。

乾隆時的作家，有夏綸（惺齋號臞叟）蔣士銓等，後者的上品，都嚴守曲律，這是李漁等所不及的。從此雅曲的勢力，漸爲俗曲所奪，明末清初時，欣欣向榮的崐曲，亦漸上凋落一途。清末時完全是山西綁子與二黃的時代。二黃的作品集，夙有咸同間余治的庶幾堂今樂，與勸善懲惡的短篇，可惜都沒有文學價值。俗曲稍雅的作品，都不外是雅曲的改成通俗化。散曲則已近衰之一途，已無敍述的必要。

清代著名的小說傑作，有曹霑（雪芹或芹圃）的紅樓夢（一名石頭記又名金玉緣），以賈寶玉的公子哥兒生活爲中心，活躍於賈府大觀園中，再配以林黛玉薛寶釵等所謂金陵十二釵，十二個多情女子，敍述賈府從繁榮趨於衰微的過程，佐以想像，使男女四百餘人，各具個性，把滿洲貴族的內面生活，精細地描寫出來。寶玉的生活極盡繁華，雖與很多的女子相友善，但與多愁善病的黛玉，相契最深，但父親賈政，以愛子之心，設法悄悄地使與康健的寶釵結婚，黛玉聞之，咯血而死，受欺的寶玉，嗣亦罹病，終得借重佛力而癒。後來發憤讀書，鄉試及第，感到人生的無常，行蹤不知所往。根據近來的研究，賈府的內幕，祇及於八十回，八十回以前爲曹作，以下的四十回，述賈府的衰勢及黛玉的病態，據說是高鶚（蘭墅）的續撰。全書據說是曹氏的自敍傳，所用爲純粹的北平話，雖然描寫戀愛，而中間無一猥褻語，加之描寫愛情的眞切，都是使文人學士愛好的原因。續撰的書出得很多，有清一代，始終爲青年男女所愛讀，一時討論本書的背景，學界很流行，有紅學之稱。

本書之後的名作，有吳敬梓（敏軒文木老人）的儒林外史。吳深嫌僅持淺陋學識，而外表矯飾的官吏生活，不營生業，蕩盡家產，而做所謂豪放人，書中諷刺頹廢的士風，攻擊惡習，對於被舊道德假面具的僞善者，描寫得尤淋漓盡致。在另一方面，他又在同書中發表他自己的理想社會與生活，在書首先敍述一個不願出仕的青年王冕，書尾又描寫幾個精通書畫圍碁彈琴作詩等紳士階級餘技的市井奇人，使作者的用意，顯然可見。

兩書稍前，有夏敬渠（懋吟）的野叟曝言，書中稍有穢語，描寫一個名叫文白的人，從儒教的立場，多少含有作者的理想。

道光年間的名作，有文康（鐵仙）的兒女英雄傳，與李汝珍（松石）的鏡花緣。前者是滿洲人的作品，用純粹的北平話來寫，內容陳腐，敍述俠女何玉鳳（十三妹）報父仇的一生生涯，結果以一夫兩妻團圓，無足稱道。與此相反，後者採取唐代武則天的時代，記錄唐敖及婦弟林之洋巡游海外異境的經過，敍述諸國奇異的狀況，有些像神話，據說爲了諷刺女子的社會問題，主張男女權利的平等，對於婦女被壓迫的場合，描寫特別仔細。作者是有名的音韻學家，又通諸藝，這種智識書中到處流露。林之洋遊歷女人國的宮中，以男子之身，備嘗中國女子所受的各種苦痛，是女性最該稱快的地方。後段述武后以女子與男子同樣看待，試驗作官，後來受驗的才子，反從事於討伐武后，以命運二字來作結束，未免過度。

咸豐年間刊布的名作，有陳森書（少逸）的品花寶鑑，劉秀仁（子安又子敦）的花月痕。前者描寫清末在京官吏出入於旦角寓所的紳士階級的私生活，專以像姑（相公）即男色爲題材，是一篇有特色的佳作，這大概由於作者在道光年間久住北京，與當時的達官貴人來往結交的結果。後者描寫與妓女的戀愛，分成二組，一組薄命，一組結果甚幸福，末段述夫妻的戰功，未免失於誇張，所以不是十分好的傑作。

同樣描寫妓女生活，根據作者的體驗，以蘇州話來描寫上海的妓館生活，有韓邦慶（子雲號太仙又大一山人）的海上花列傳因爲是寫實小說，在上海特別受歡迎光緒十八年，與上述二書合刊，稱海上奇書三種，以週刊形式來發表每週發行二回，惟有以地方的方言來作一點，堪稱偉大，別的也無甚特色。公案小說，即判案小說，清末也出幾種，脫胎於宋包拯的龍圖公案，中以俠士爲中心，有石玉崐的三俠五義，及近來流行的貍貓換太子五鼠鬧東京之類的故事，七俠五義，即是上書的改訂本與此相前後又有施公案彭公案等，都不過是說書人的底本並無文學價值。

清朝末年，向來不滿於官吏腐敗的人，趁了改革的風氣，將官界的黑暗面，赤裸裸地暴露出來，極盡嘲笑痛罵之能事，這裏逐次刊行的雜誌類，連載小說之風漸起，其中官場現形記，是在上海遊藝本位的新聞上，賦弄遊戲文字的李寶嘉（伯之號南亭亭長）受人之囑，連續寫作刊載，並不完結，對於官僚生活的墮落，與民衆生活因此而受的威脅，深刻地加以敍述，極盡嬉怒笑罵之能事，頗爲一般讀書人所歡迎，吳沃堯（繭人又趼人號我佛山人）爲李之友人，亦爲上海小說家，著二十年來目睹之怪現狀，絡續發表，把年來所見所聞官吏商賈廣泛社會中的惡人陋習，盡情描寫而加以諷罵。曾樸（孟樸號東亞病夫）的孽海花，亦爲中絕的小說，是改竄金一（松岑）的稿本，爲敍述文人名士的逸事的佳作。劉鶚（鐵雲洪都百鍊生）

是個醫生，又曾爲商人官吏，治黃河水害有功，與外人交涉，救濟災民，因之反受流刑，一生數奇，所作老殘遊記，即以鐵雲（老殘）爲主人公，以山東爲背景，借其遊歷，敍述地方的景色風俗，摘發官吏外面標榜清廉，內幕施行毒害的奸行。後二者稍有異色，描寫小商人，婦女，工人，獄囚等被壓迫階級的眞情，當推鉅擘。

末了，再附說一點文言小說，有蒲松齡（留仙）的聊齋誌異，在傳聞中加以幻想，專事怪談，頗爲有名。此外有陳球的燕山外史，以駢文描寫明永樂中竇繩祖及貧女李愛姑的戀愛生活，甚爲巧妙。

清代末年，受了西洋文藝的影響，已有翻譯及新體的小說出現，可惜未及充分發展，清廷已亡。

(十三)餘論

政治革命以後，接着應該是思想革命與文學革命，民國的新人，都這樣高喊着。但在民國初年，政治革命還都是很表面的，實際上並無什麽成就，思想文學方面更談不到。

其實，在有清末年，西洋的思想文藝輸入後，對於漢人的思想文章，有很顯著的影響，新世界的各種各樣的內容，要明白表達出來，古來的文體，顯然不夠應用。在翻譯西洋書籍的時候，在記錄哲學思想時，在說明自然科學時，在使一般民衆了解時，便發現向來的文體，不夠自由，不夠便利，因此，文學革命的萌芽，在清末就醞釀了。

在政治革命進行期中，學術界呈停滯的狀態，缺乏活氣，思想界由於政治上仍爲舊式的人物握權，仍有尊重儒教的傾向。

思想及文學革命的烽火，首由在上海編「新青年」雜誌的陳獨秀所燃起，陳旋受蔡元培的招聘，運動中心，乃移至北京大學，他的友人吳虞亦參加。陳反對拘泥於形式的，艱澀的貴族文學、古典文學，主張自由的，新穎的國民文學。吳則爲了要使國民免除一切舊式的緊縛，在思想上反對儒教，禮教的形骸。當時，留學在美國的胡適，也參加這項運動，時寄文章來發表，歸國後亦同入北京大學，與陳爲伍，主張白話文，白話詩，以現在的言語來發表自己的思想。自這種新文學論出現，全國青年大表同情，其勢遂不可侮。清末的新人如林紓嚴復之類，雖加反對，攻擊他蔑視儒教，以爲白話文不能成爲文學，但大勢所趨，亦無可奈何了。其後章士釗憑藉他的政治地位，反對白話文，奉天派入京後，北大的新教授多被逐出北平，一時舊式的禮教，重被採用。但是在創作方面，劇本方面，以及學術上，政治上的實用文體，都已採用白話，新文學的建設已逐漸開始，無法壓制了。他們以後，明末公安派的文體，曾一時被捧，那是由於它的不拘泥於形式。

緊接文學革命之後，北大一派，着手整理古來的學問，中國舊學方面一向所缺少的索隱之類，編纂之風大盛。採集歌謠及民間文藝的風氣，亦由他們喚起。整理舊文學的第一步，是把可稱爲白話文學前輩的小說，先加以西洋式的標點符號，使易於閱讀，胡適在這種整理過的小說卷首，以白話來做成關於各書的考證文，當時大受歡迎。標點之風，於是不但新作論文上用之，就是古書也漸漸用它來整理。戲曲小說，被認爲文藝作品而受重視之風，原來在清末受西洋文藝輸入後的影響，已開其端，經他們提倡以後，大爲進步。如戲曲之類，當時的第一流學者王國維也嘗試了。小說在周樹人（魯迅）手中集大成，中國散文的文獻，也有在敦煌石室及日本發現的。

舊學普通稱爲國學，根據西洋學術研究的方法論，從新加以科學的研究之風漸起，中國語言學及哲學的研究整理，亦從此開始。哲學方面，先由胡適加以系統化，自然科學的研究，也漸開始，古代史的研究，亦始於這時，有人企圖把傳說與史實根本分離，在古代史研究上下一翻根本的工夫。也有西洋人參與考古學，地質學的研究，頗有成績。